STAVROG

DU CÔTÉ DE PLASSANS

DESSINS & HOMMAGES

illustrations

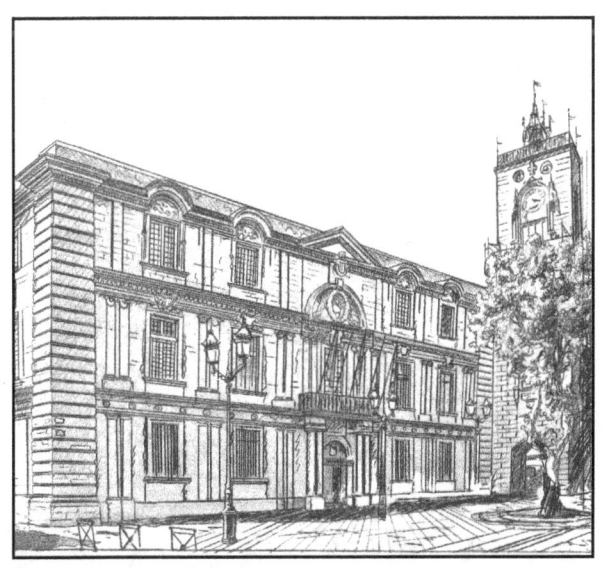

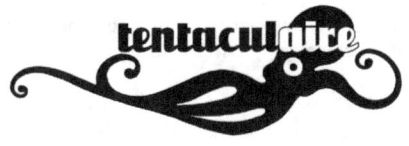

© STAVROG - JUMP - TENTACULAIRE 2013
20, Traverse de Nazareth - 130011 - Marseille
SIRET 790 840 086 0017

Dépôt légal en cours.
ISBN 978-1-300-77580-5

PLASSANS ANTIQUE

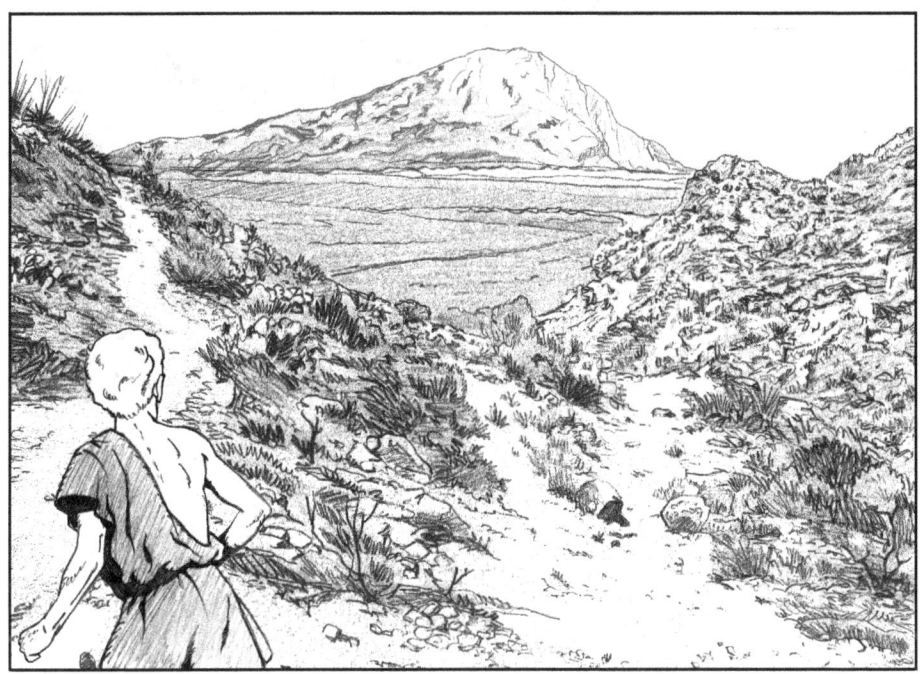

La Sainte-Victoire. (Pays de Plassans). Hommage à J. Martin
Étude pour l'album *Aquae Sextiae*. Crayonné sur bristol. 2012.
Dessin non repris dans l'album définitif.
Le personnage d'Alix est © Succession Jacques Martin et Ed. Casterman.

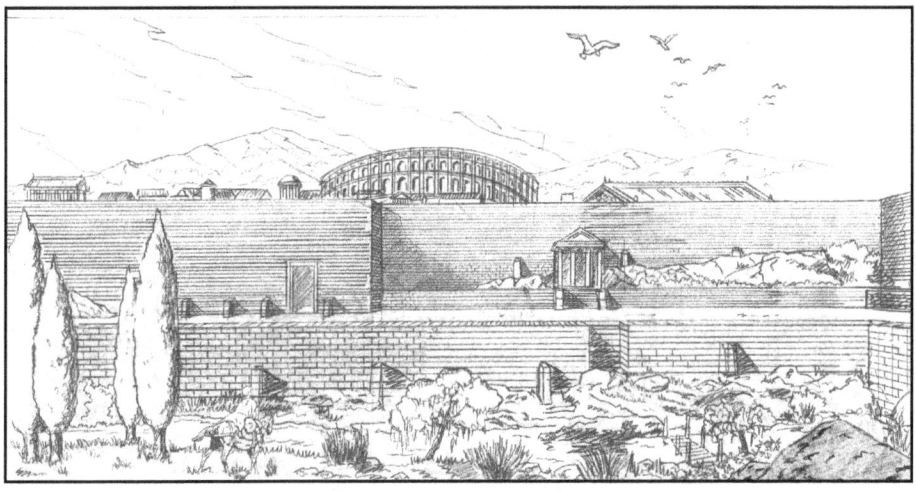

Aquae Sextiae hors les murs. Hommage à J. Martin
Étude pour l'album *Aquae Sextiae*. Crayonné sur bristol. 2011.
D'après une gravure. Dessin non repris dans l'album définitif.
Le personnage d'Alix est © Succession Jacques Martin et Ed. Casterman.

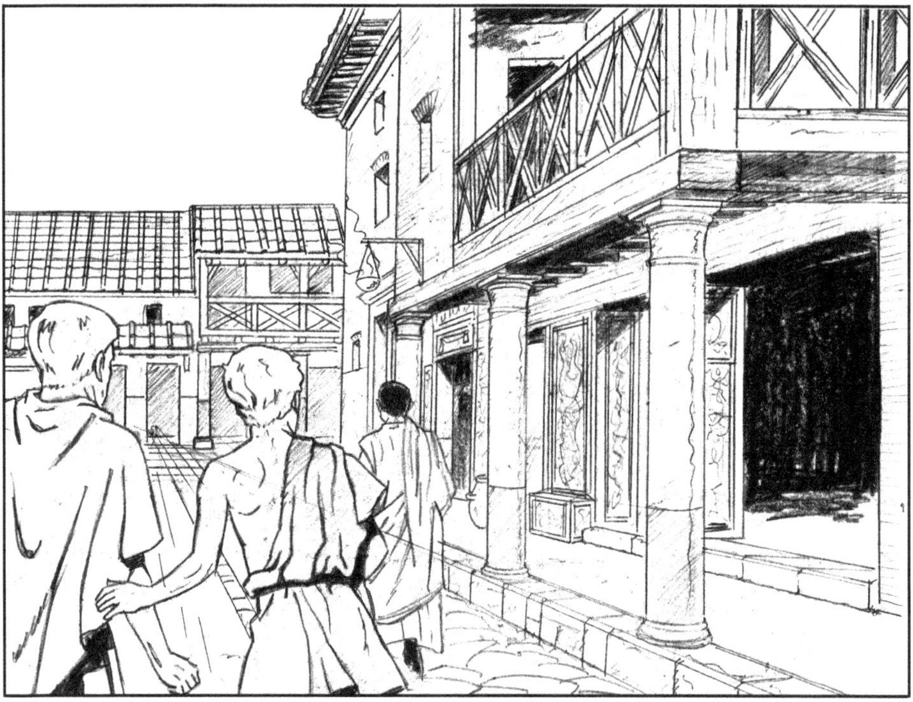

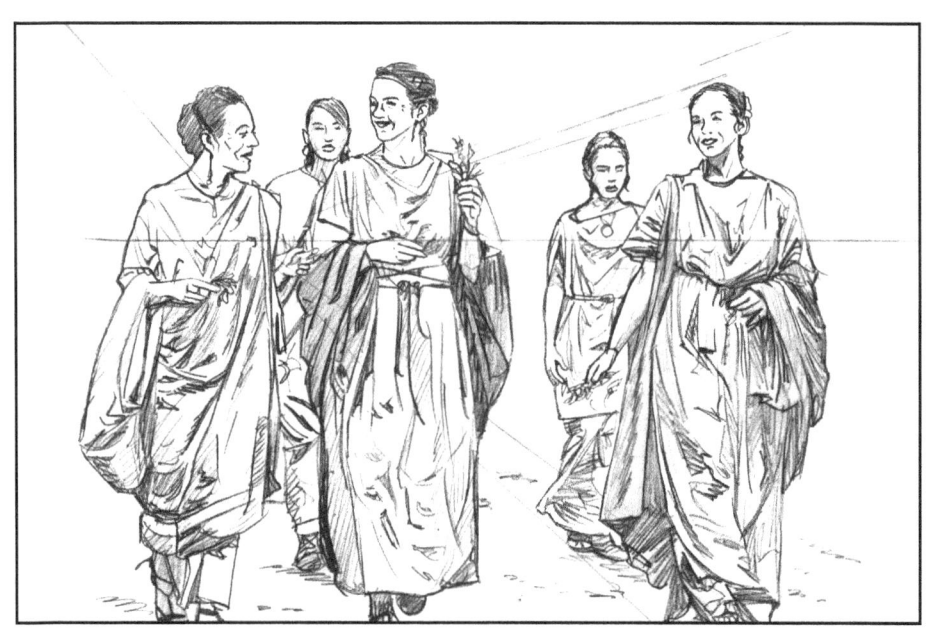

Une rue secondaire d'Aquae Sextiae. Hommage à J. Martin
Étude pour l'album *Aquae Sextiae*. Crayonné sur bristol. 2011.
Dessin non repris dans l'album définitif.
Le personnage d'Alix est © Succession Jacques Martin et Ed. Casterman.

Etude pour des personnages de dames romaines.
Crayon sur bristol, 2012.
Pour l'album *Aquae Sextiae*. Dessin non repris.

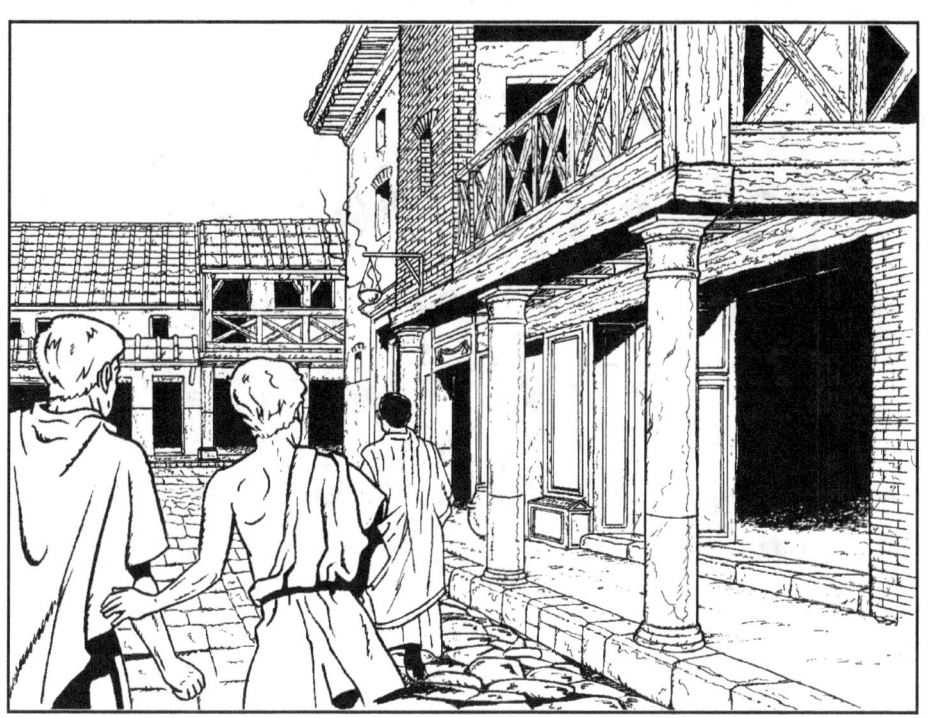

Une rue secondaire d'Aquae Sextiae. Hommage à J. Martin
Non repris dans l'album définitif.
Encre de Chine sur Montval et version colorée.
Le personnage d'Alix est © Succession Jacques Martin et Ed. Casterman.

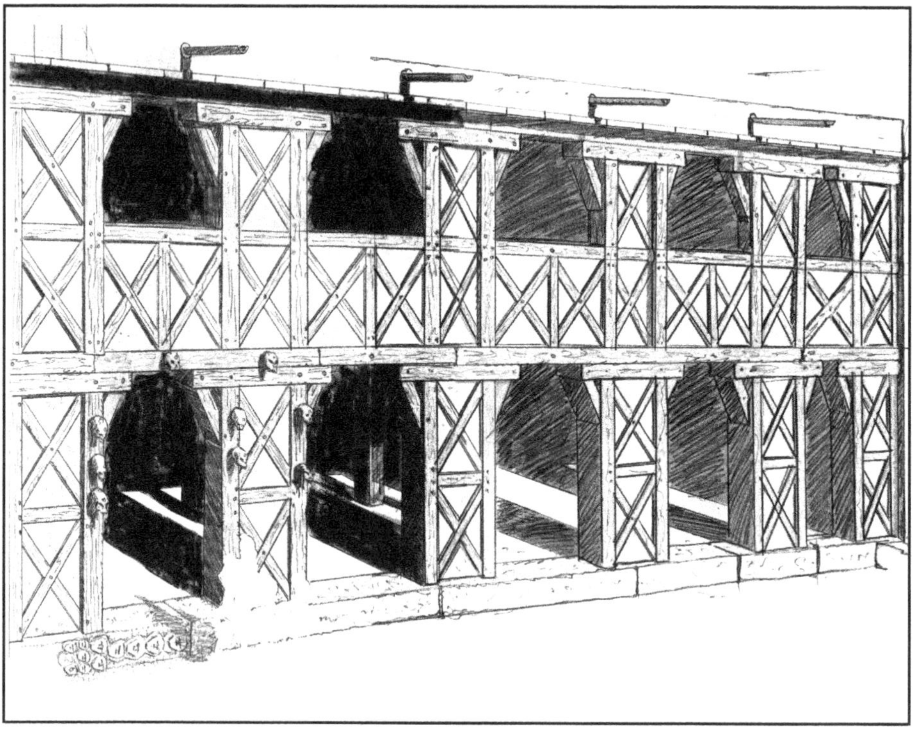

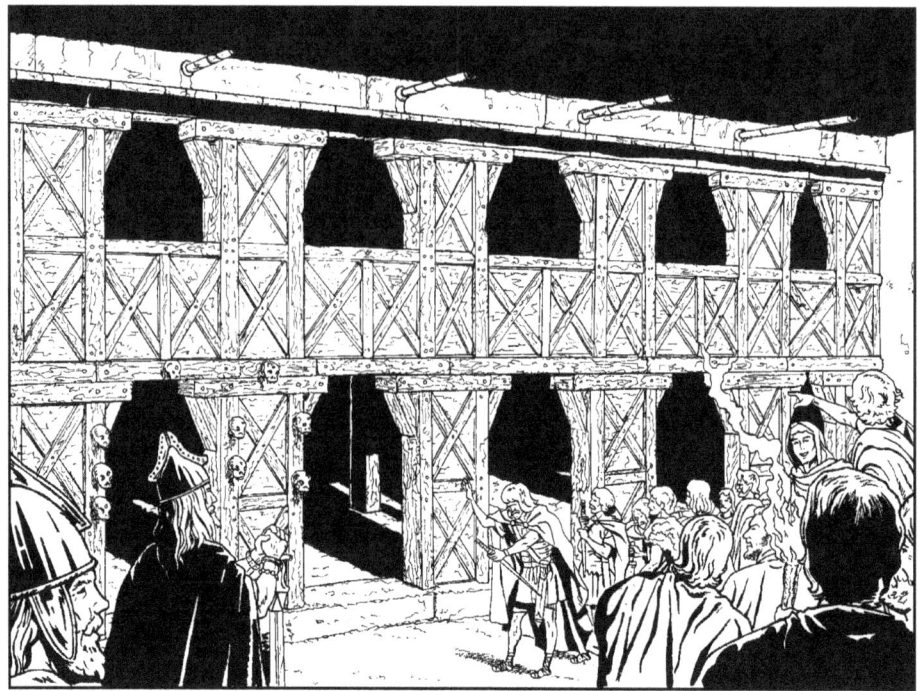

Un temple d'Entremont. Non repris dans l'album définitif.
Crayonné et Encre de Chine sur Montval.
Les personnages de gaulois sont
© Succession Jacques Martin et Ed. Casterman.

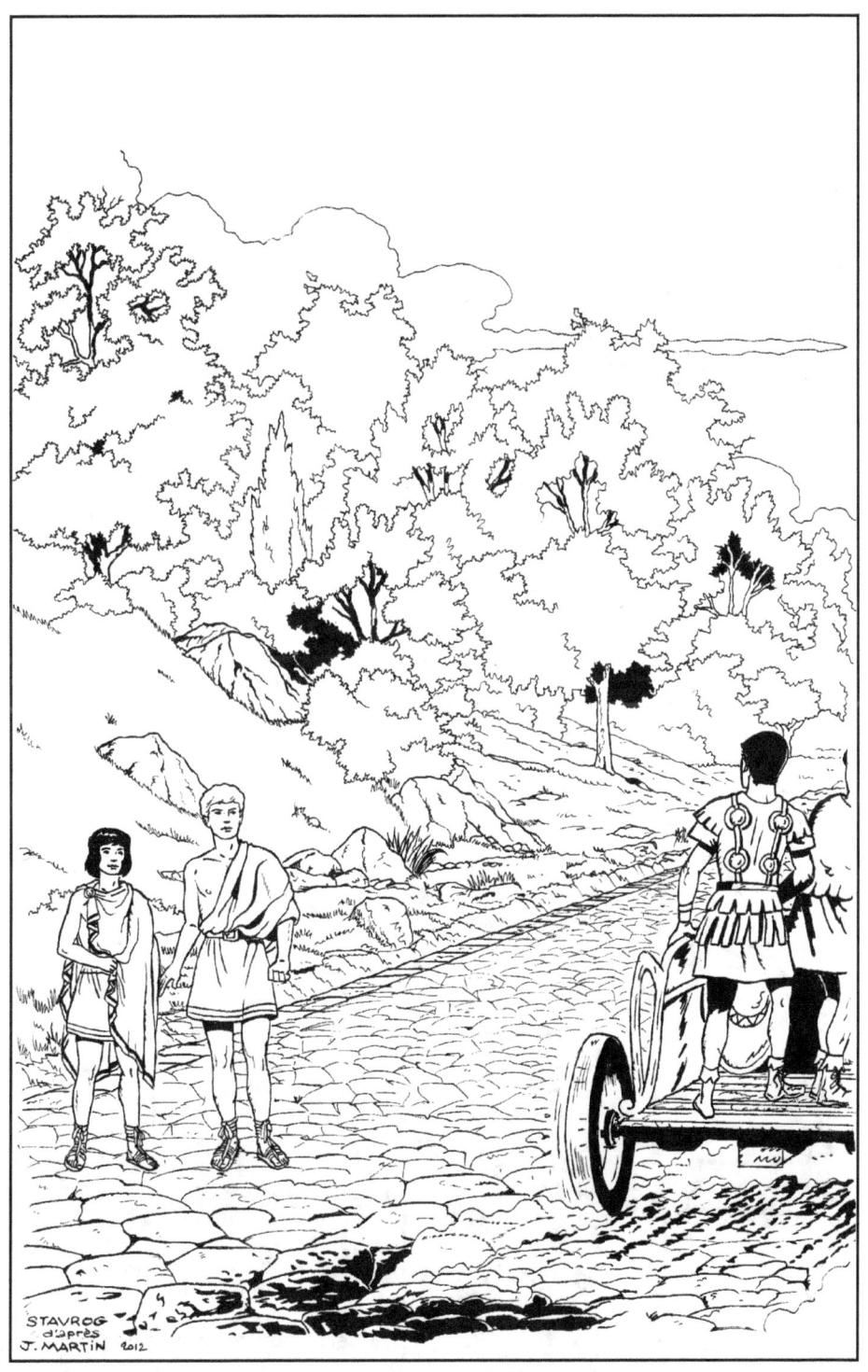

La voie aurélienne menant à Aquae Sextiae. Non repris dans l'album définitif.
Encre de Chine sur Montval. Les personnages sont
© Succession Jacques Martin et Ed. Casterman.

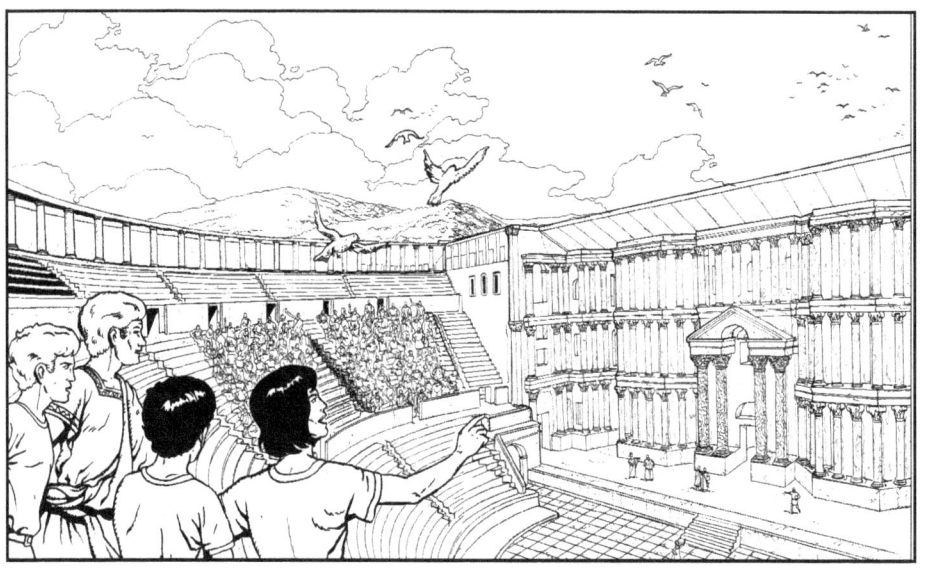

Le théâtre antique à Aquae Sextiae. Non repris dans l'album définitif.
Encre de Chine sur Montval.Les personnages sont
© Succession Jacques Martin et Ed. Casterman.

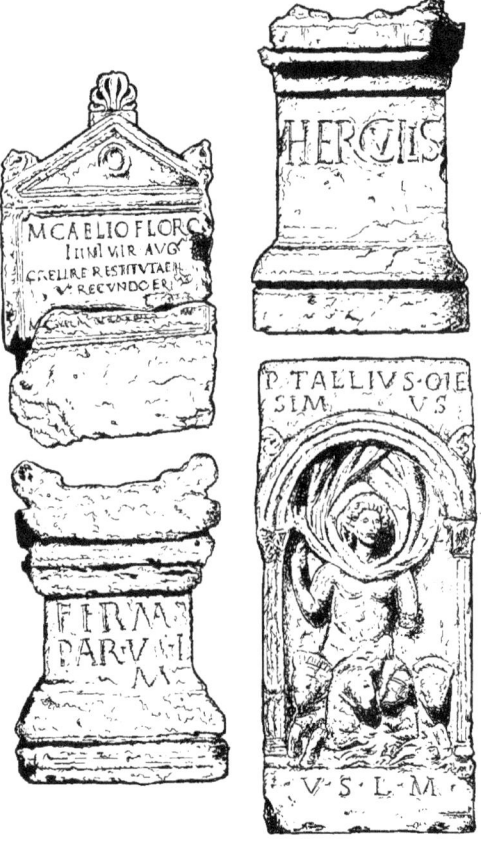

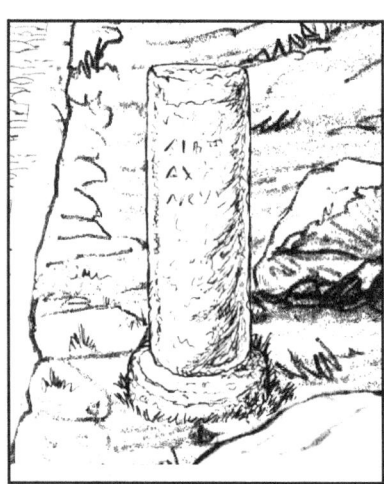

Borne milliaire
Crayon sur bristol

*Stèles funéraires retrouvées sur
le site antique de la Ville.*

Encre de Chine sur Montval et
couleurs numériques.

Selon les chercheurs, on reconnaît certains noms d'édiles de la
Cité antique qui ont ensuite
donné leur noms à des lignées
fameuses.

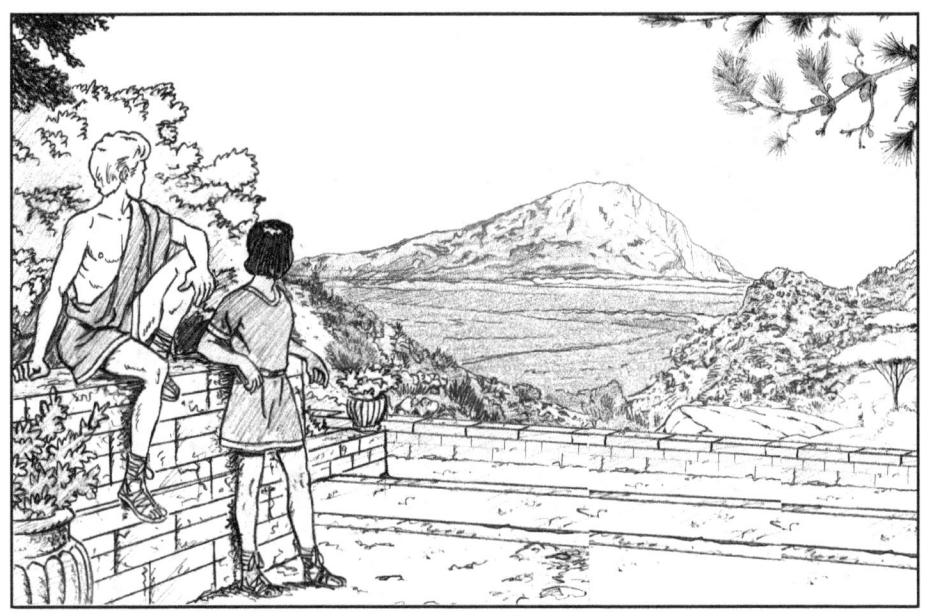

Le Mont Sainte Victoire vue d'une villae des hauteurs d'Aquae Sextiae.
Frontispice original pour l'album Aquae Sextiae.
Crayon sur Bristol.

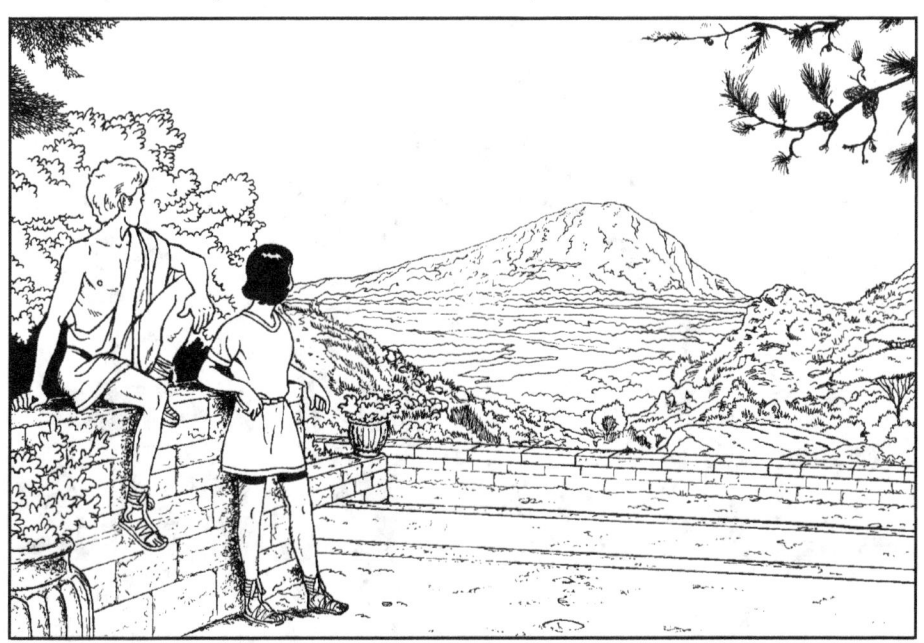

Le Mont Sainte Victoire vue d'une villae des hauteurs d'Aquae Sextiae.
Frontispice original pour l'album Aquae Sextiae.
Encre de Chine sur Montval. 2012.

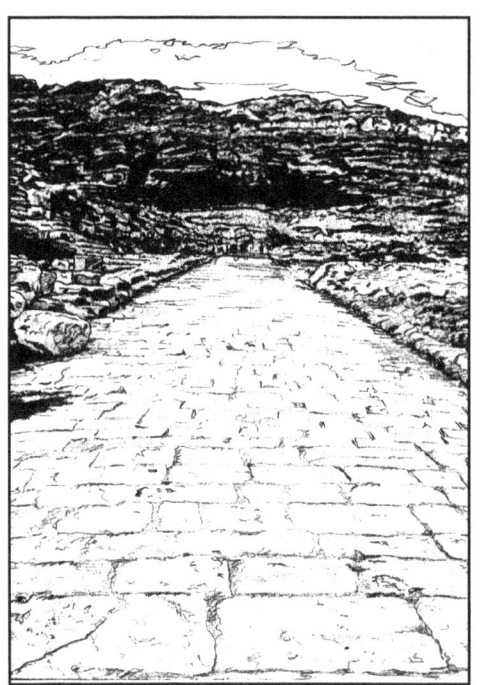
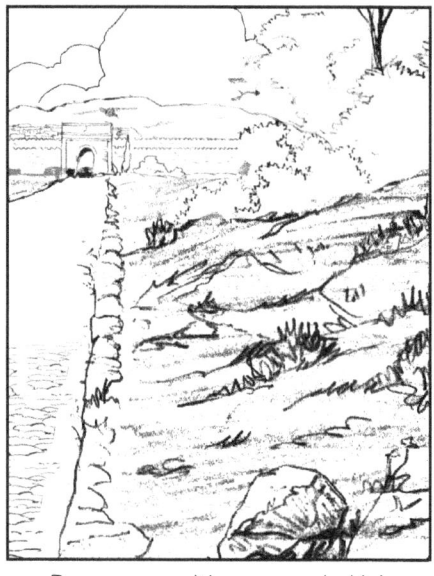

Deux propositions pour la Voie Aurélienne. 2012

Crayon sur bristol

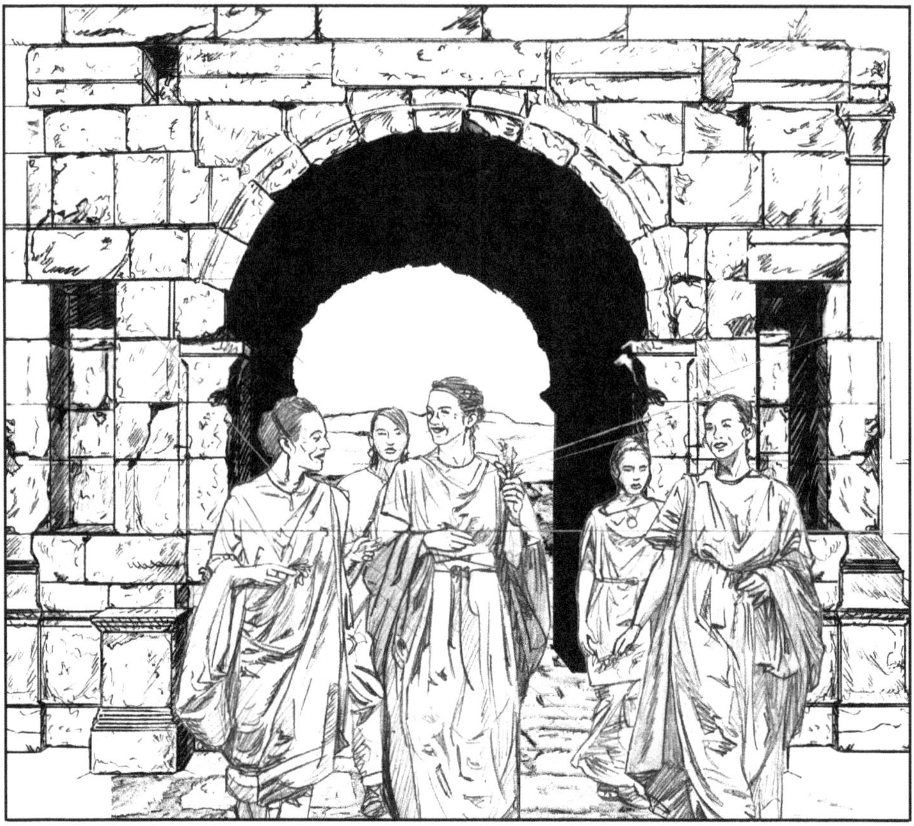

Porte secondaire (imaginaire) d'Aquae Sextiae. Crayonné sur bristol et collage.

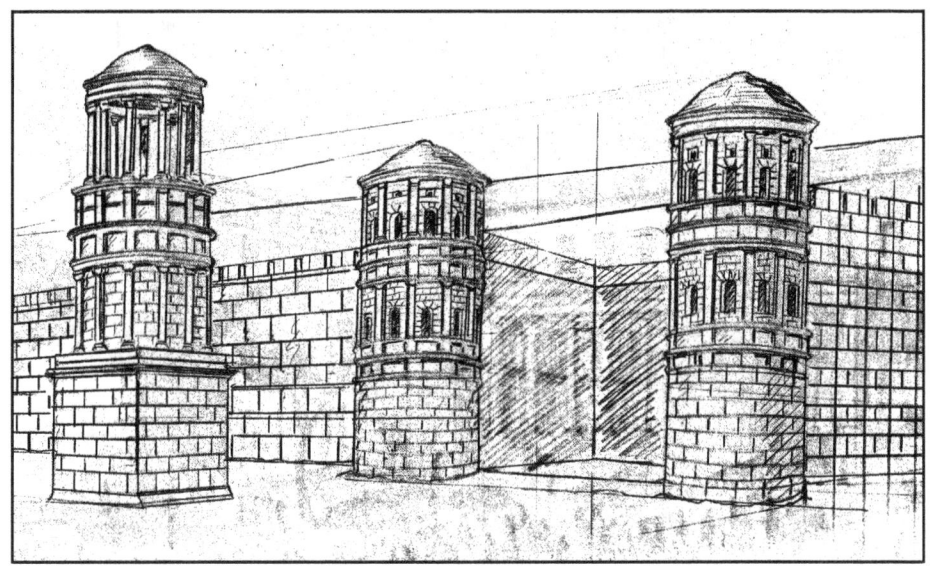

Etude pour l'entrée d'Aquae Sextiae. Actuelle porte d'Italie.
Crayonné sur bristol et collage. 2011.

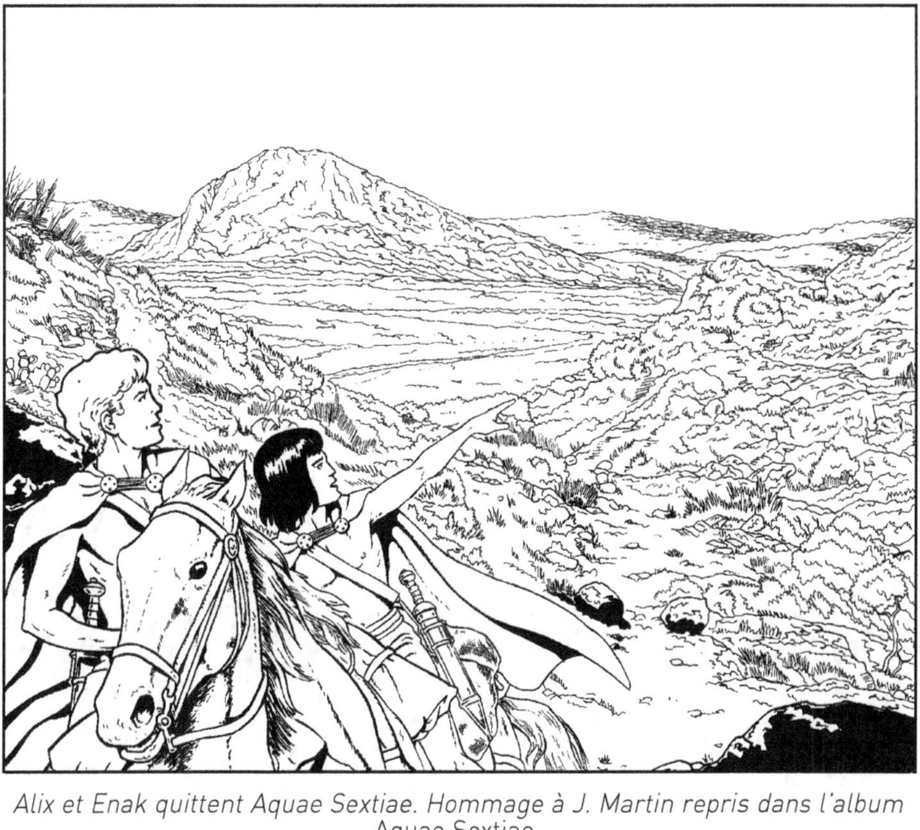

Alix et Enak quittent Aquae Sextiae. Hommage à J. Martin repris dans l'album
Aquae Sextiae.
Encre sur Montval. 2012.
Les personnages sont © Succession Jacques Martin et Ed. Casterman.

PLASSANS D'HIER ET DE TOUJOURS

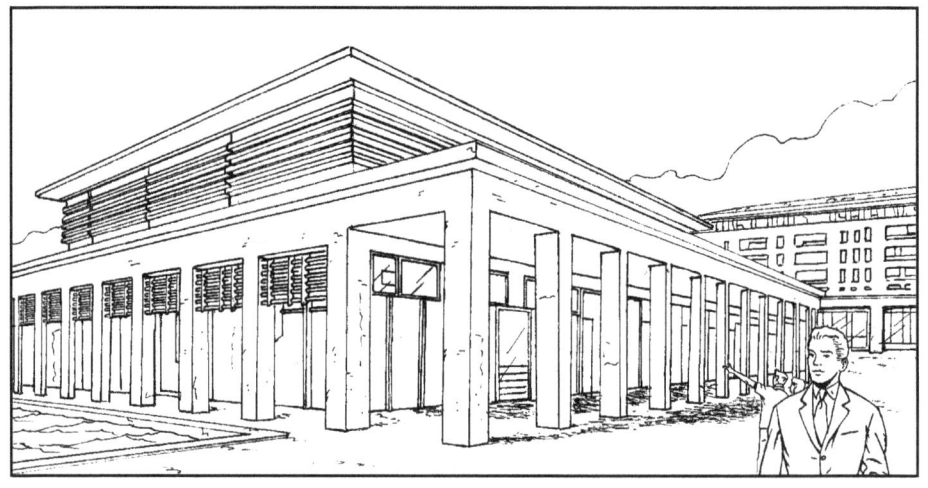

L'Office de Tourisme de Plassans.
Hommage à J. Martin repris dans l'album Aquae Sextiae.
Encre sur Montval. 2012.
Le personnage de Lefranc est © Succession Jacques Martin et Ed. Casterman.

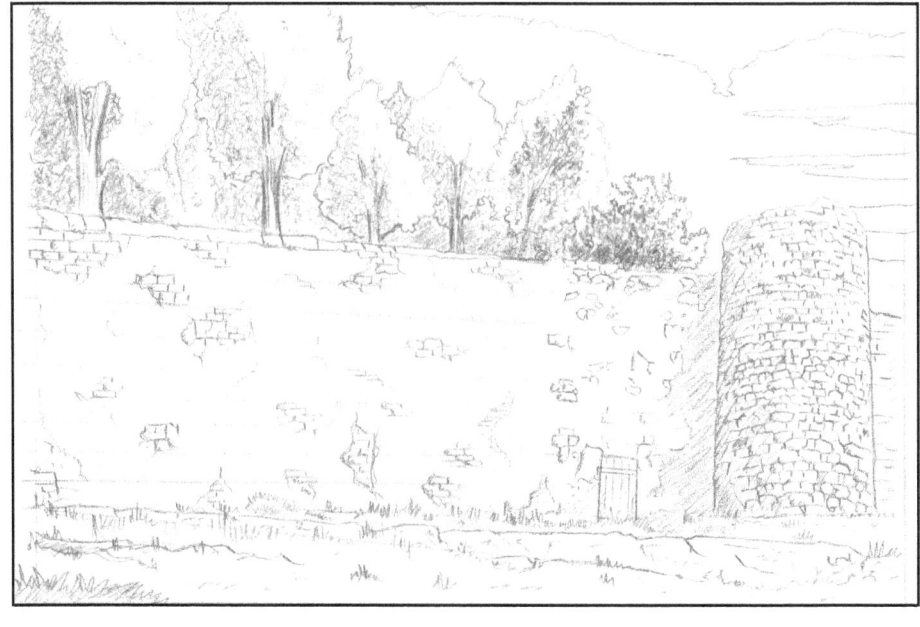

La vieille tour de Peypin (Pays de Plassans).
Étude pour l'album *Photogravie*. Crayonné sur bristol. 2011.

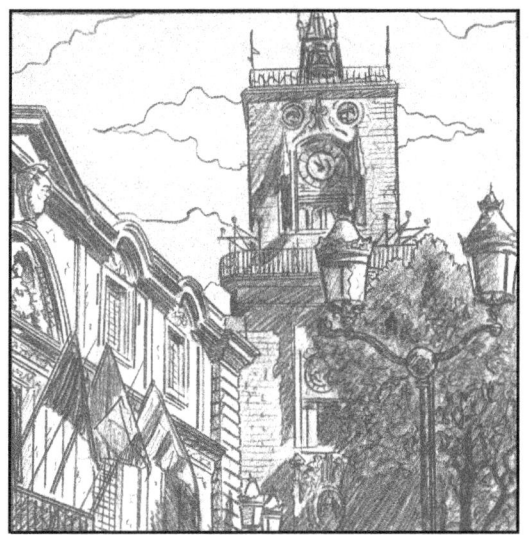
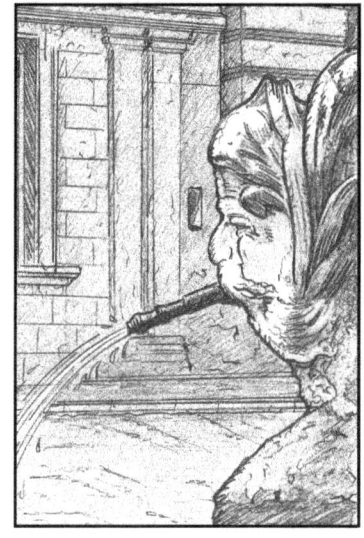

L'Hôtel de Ville de Plassans.

En haut, à gauche, le célèbre beffroi.

A droite, un élément de la fontaine de la place.

En bas, le corps principal de l'Hôtel de Ville.

Crayon sur Bristol. 2012-2013.

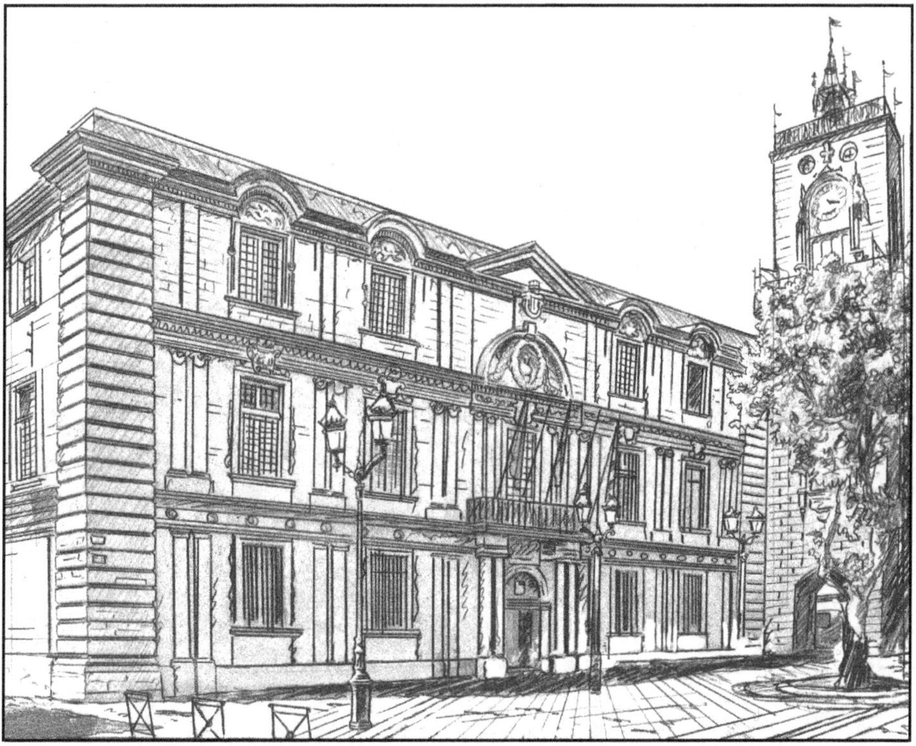

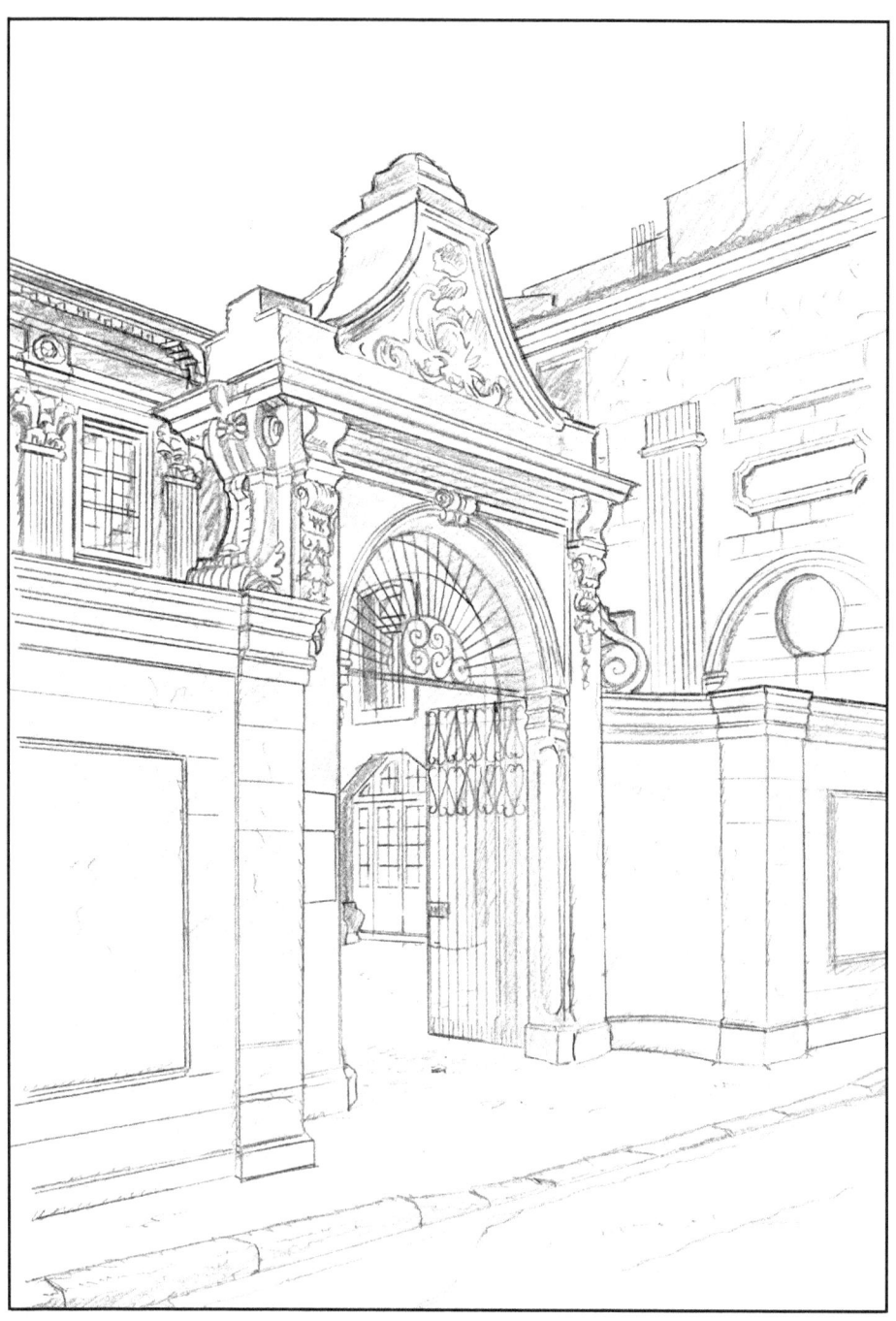

Crayonné pour l'Hôtel Boyer d'Eguilles,
Actuel Museum d'Histoire Naturelle de Plassans.

Étude pour l'album *Photogravies.*
et pour un projet d'ouvrage illustré sur le patrimoine aixois, à paraître

Crayonné sur bristol. 2009.

Planche pour l'album *Photogravie*s
Encrage sur Montval, 2011.

Album-concept. Bandes et illustrations sur des chansons d'O. Sittoni.
Ed. De Bulles en Chansons, Peypin, 2013.

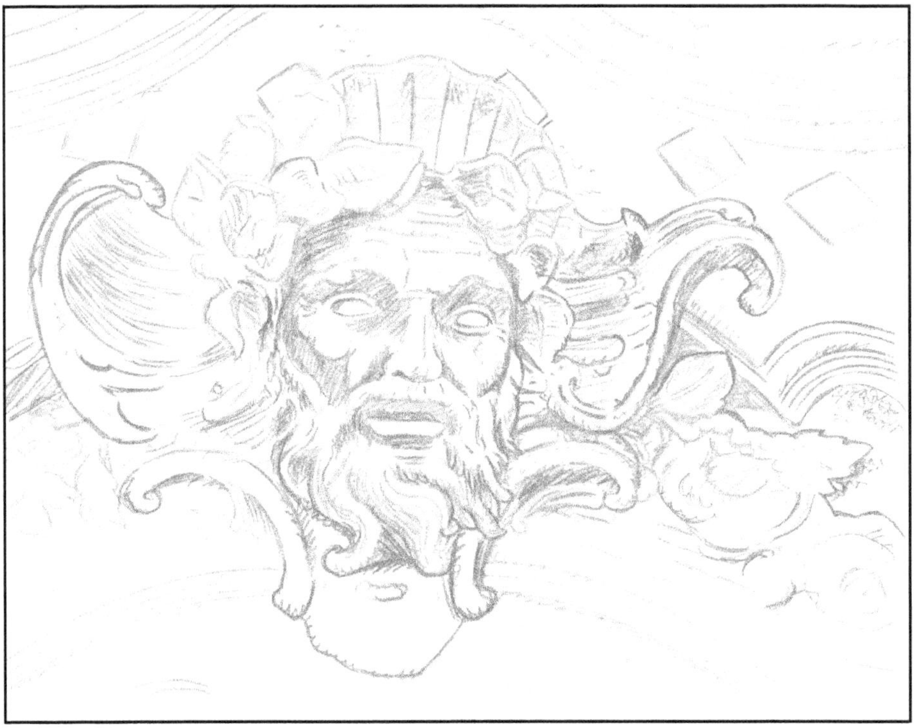

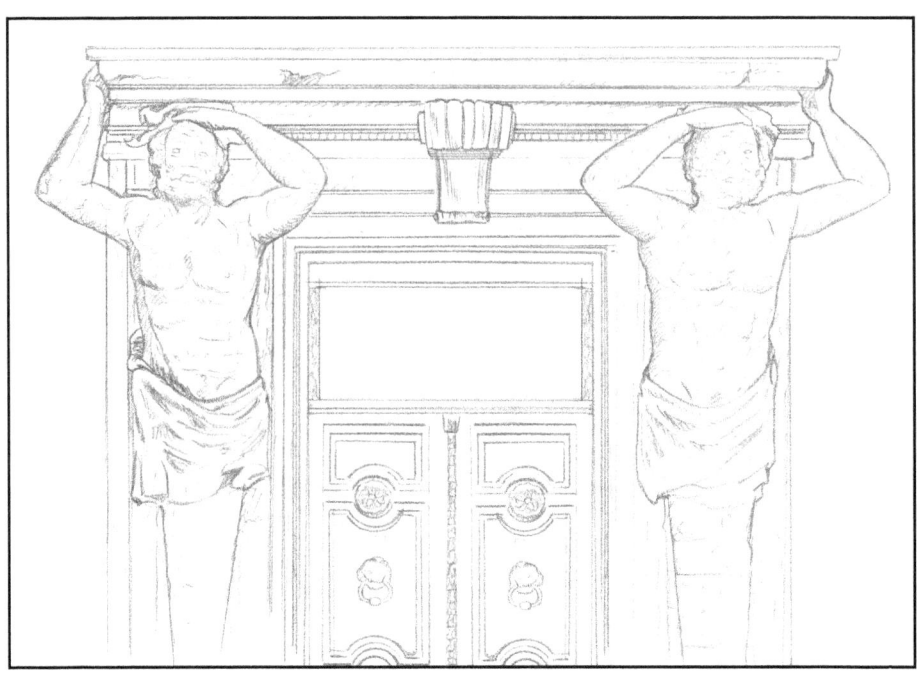

Un mascaron de la rue Mignet.
Étude pour un projet d'ouvrage illustré sur le patrimoine aixois, à paraître
Crayonné sur bristol. 2012

Les Atlantes, du Cours Mirabeau. Crayonné sur bristol, 2009

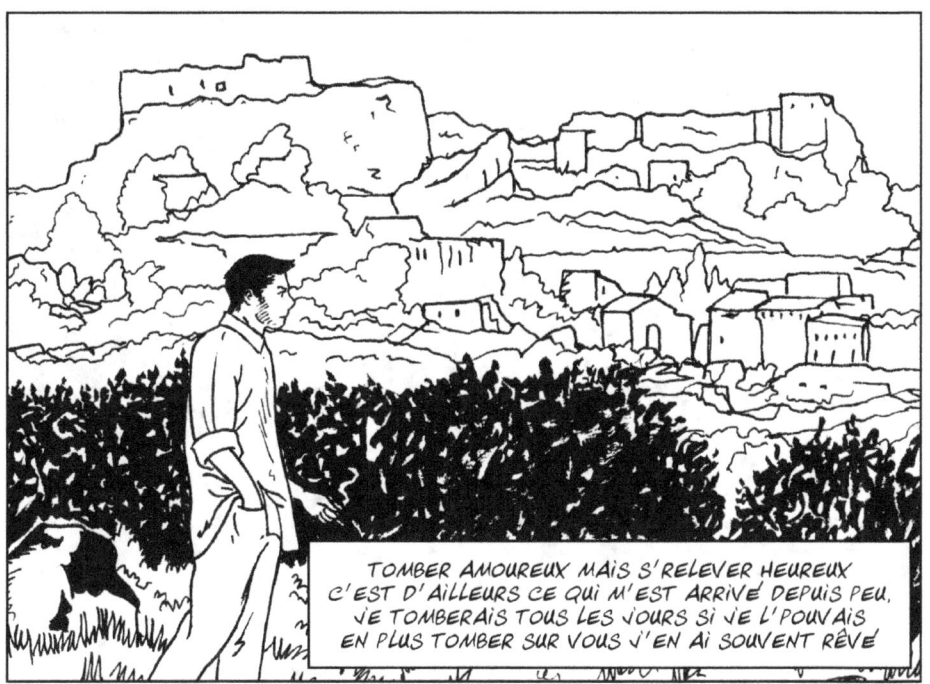

TOMBER AMOUREUX MAIS S'RELEVER HEUREUX
C'EST D'AILLEURS CE QUI M'EST ARRIVÉ DEPUIS PEU,
JE TOMBERAIS TOUS LES JOURS SI JE L'POUVAIS
EN PLUS TOMBER SUR VOUS J'EN AI SOUVENT RÊVÉ

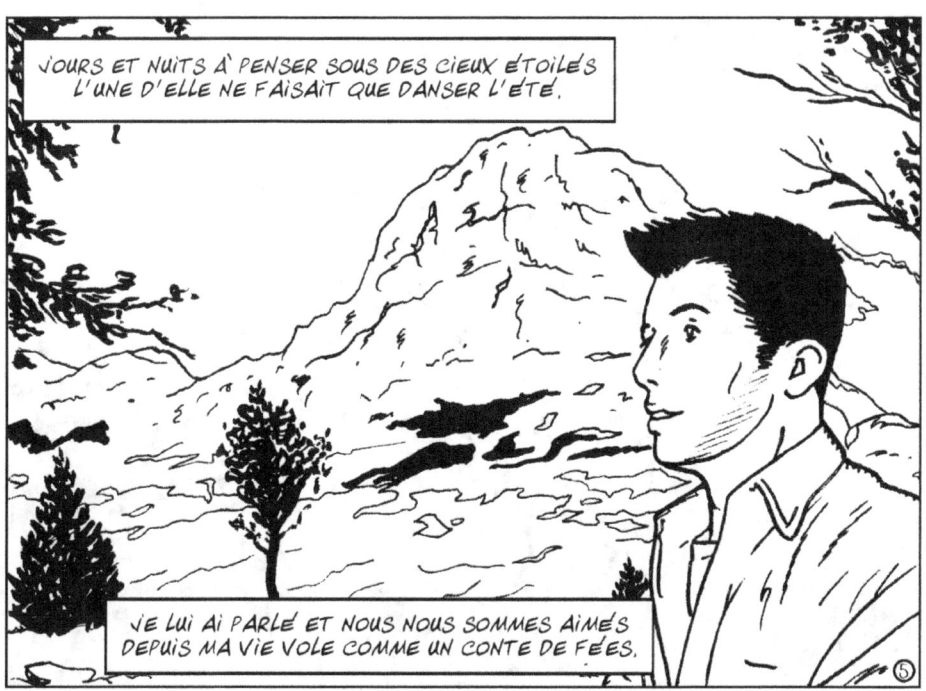

JOURS ET NUITS À PENSER SOUS DES CIEUX ÉTOILÉS
L'UNE D'ELLE NE FAISAIT QUE DANSER L'ÉTÉ.

JE LUI AI PARLÉ ET NOUS NOUS SOMMES AIMÉS
DEPUIS MA VIE VOLE COMME UN CONTE DE FÉES.

Planche pour l'album *Photogravies*
Encrage sur Montval, 2011.

Album-concept. Bandes et illustrations sur des chansons d'O. Sittoni.
Ed. De Bulles en Chansons, Peypin, 2013.

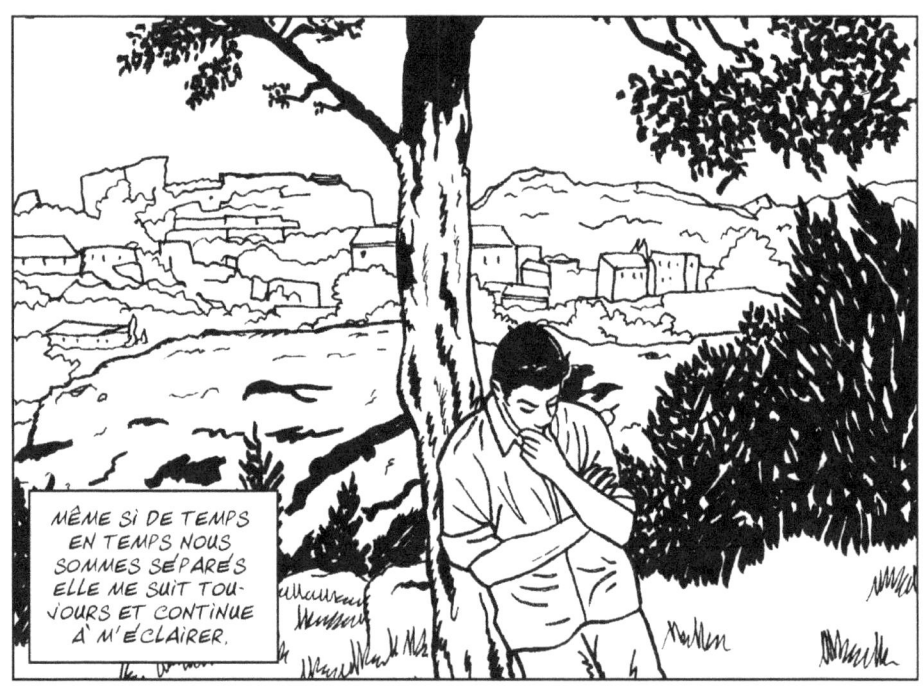

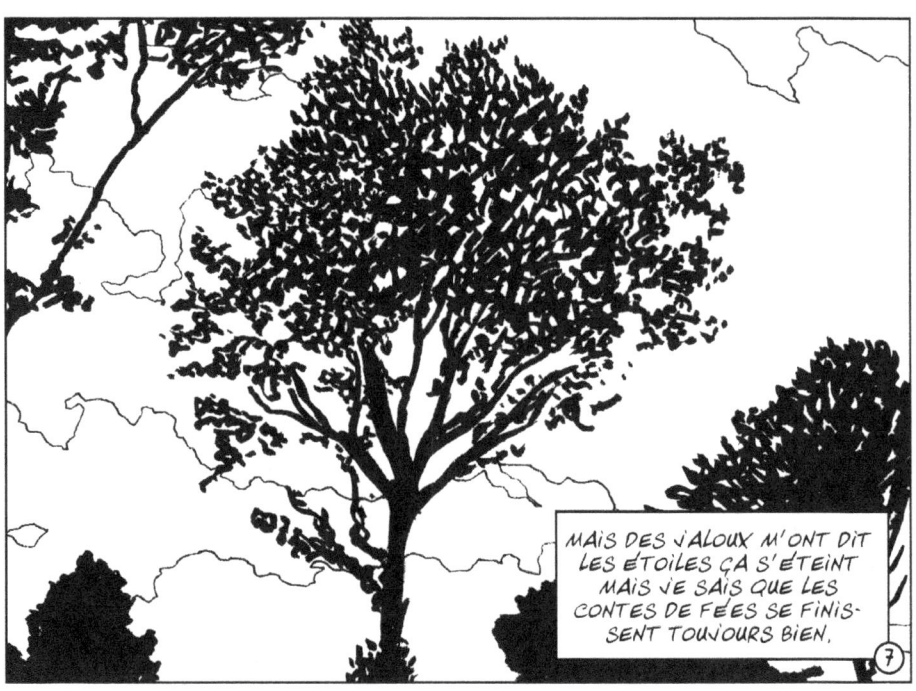

Planche pour l'album *Photogravie*s
Encrage sur Montval, 2011.

Album-concept. Bandes et illustrations sur des chansons d'O. Sittoni.
Ed. De Bulles en Chansons, Peypin, 2013.

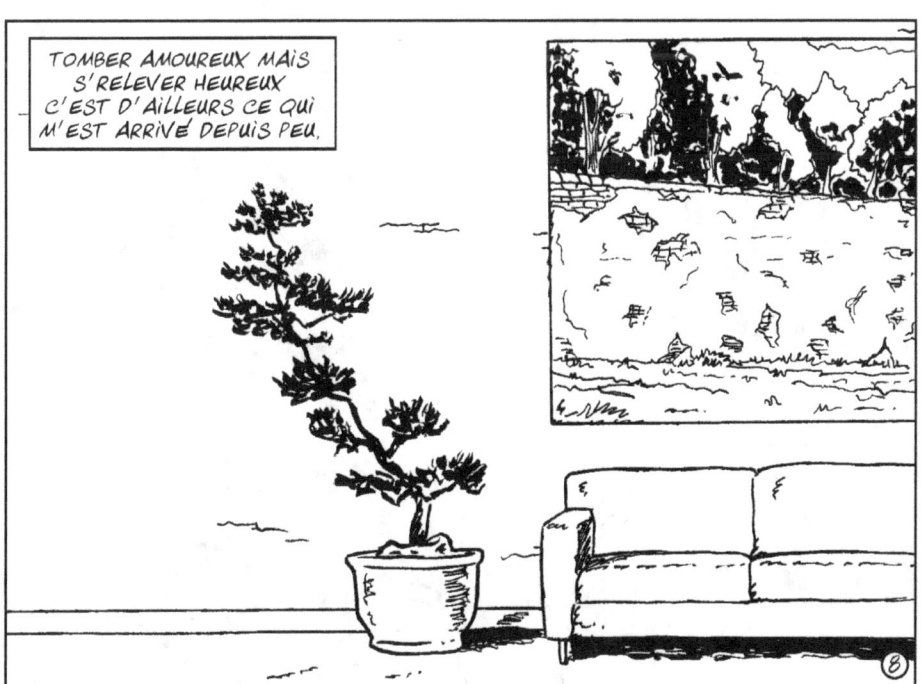

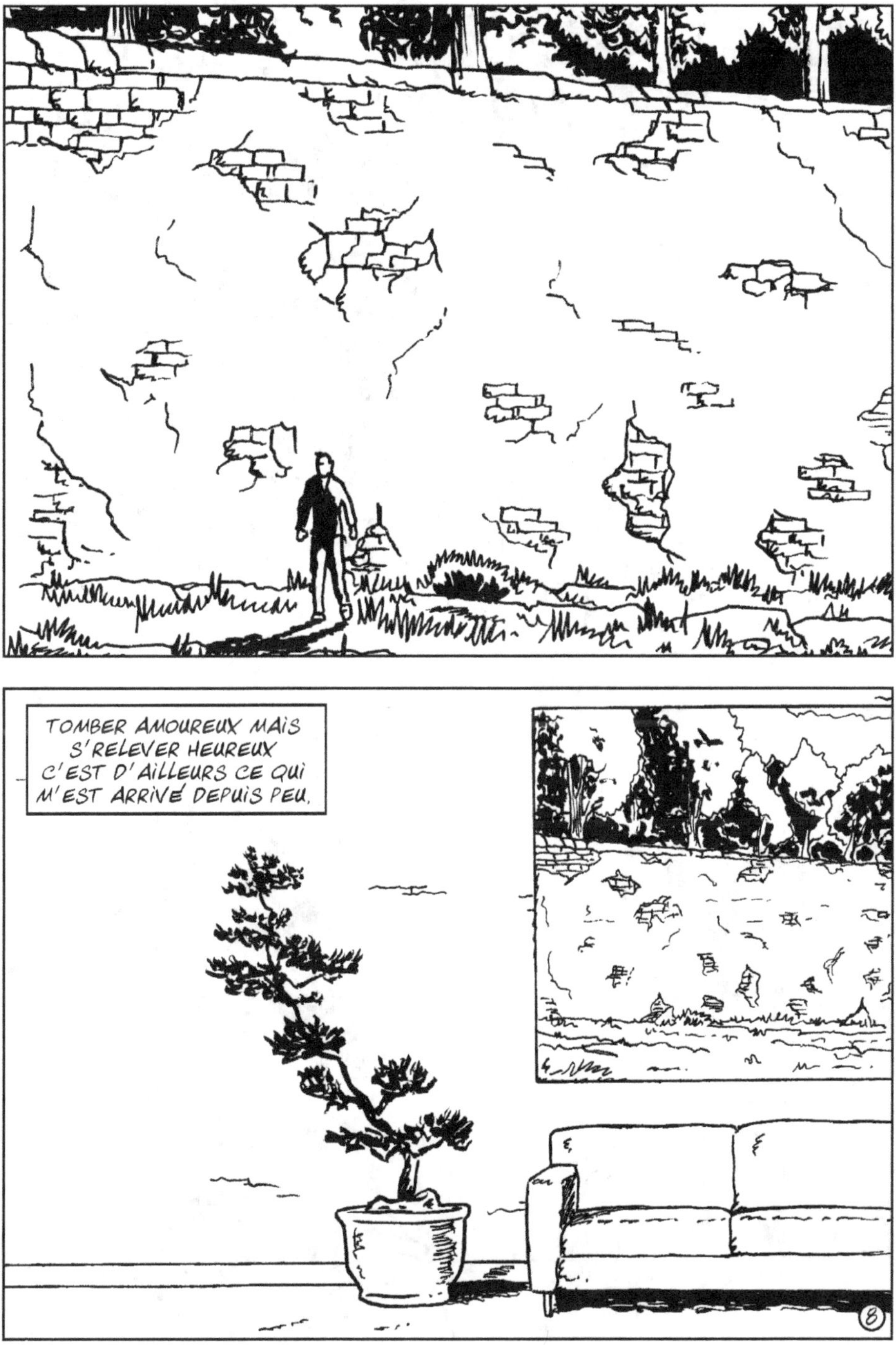

Planche pour l'album *Photogravies*
Encrage sur Montval, 2011.

Album-concept. Bandes et illustrations sur des chansons d'O. Sittoni.
Ed. De Bulles en Chansons, Peypin, 2013.

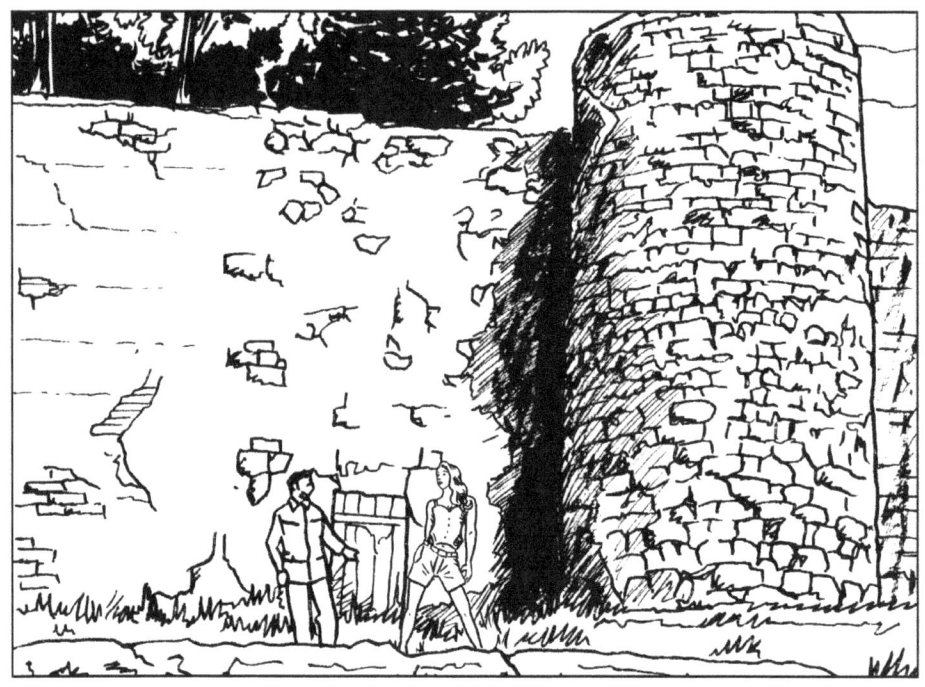

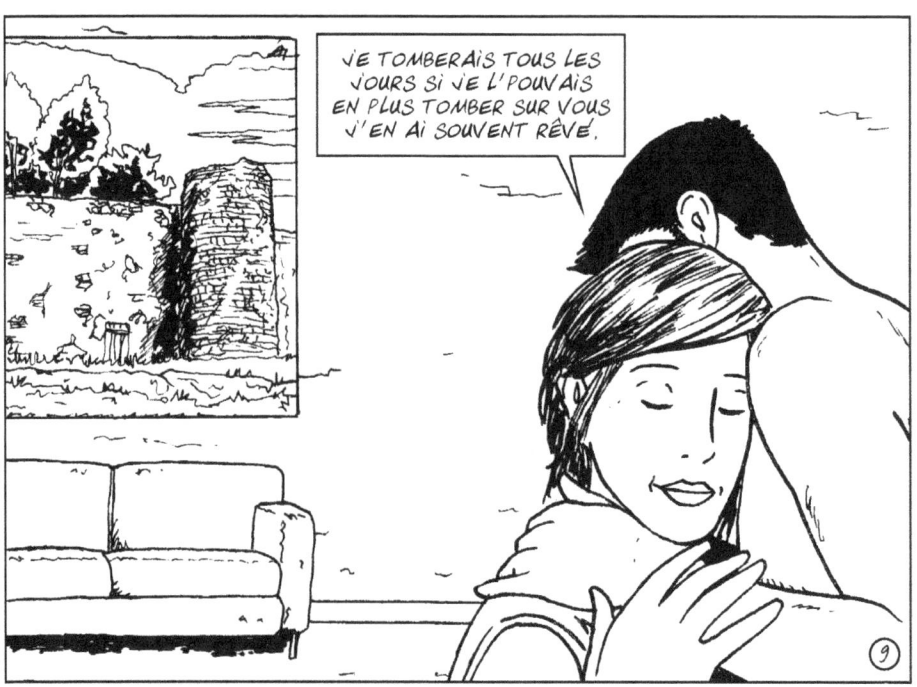

Planche pour l'album *Photogravies*
Encrage sur Montval, 2011.

Album-concept. Bandes et illustrations sur des chansons d'O. Sittoni.
Ed. De Bulles en Chansons, Peypin, 2013.

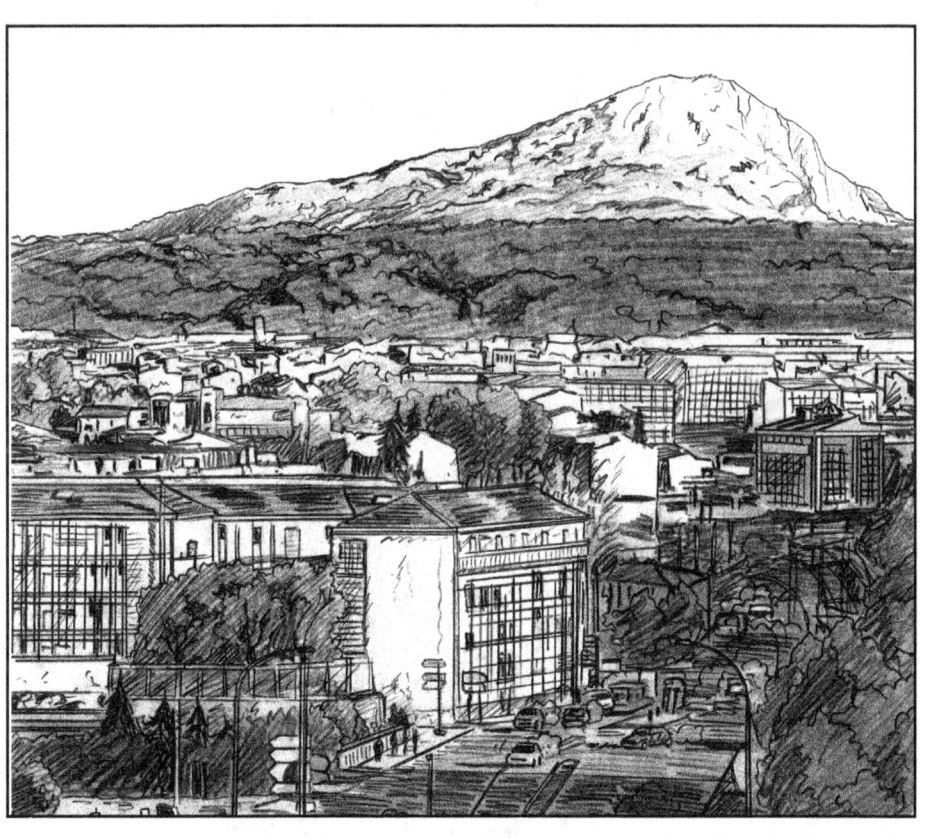

Crayonné pour le frontispice de *La Maison du crime* ou *Le Visage Inconnu*
Crayonné sur Bristol, 2011.

LA MAISON DU CRIME

OU

LE VISAGE INCONNU

(roman graphique)

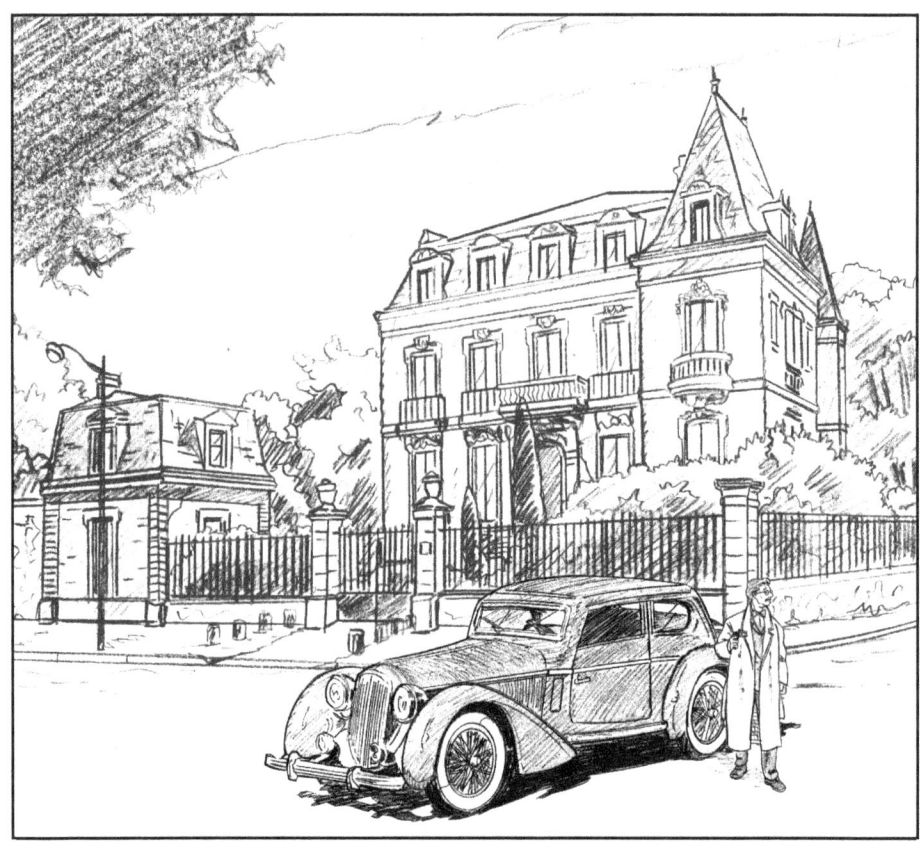

Crayonné pour une case de l'album *La Maison du crime* ou *Le Visage Inconnu*
Crayonné sur Bristol et collage, 2012.

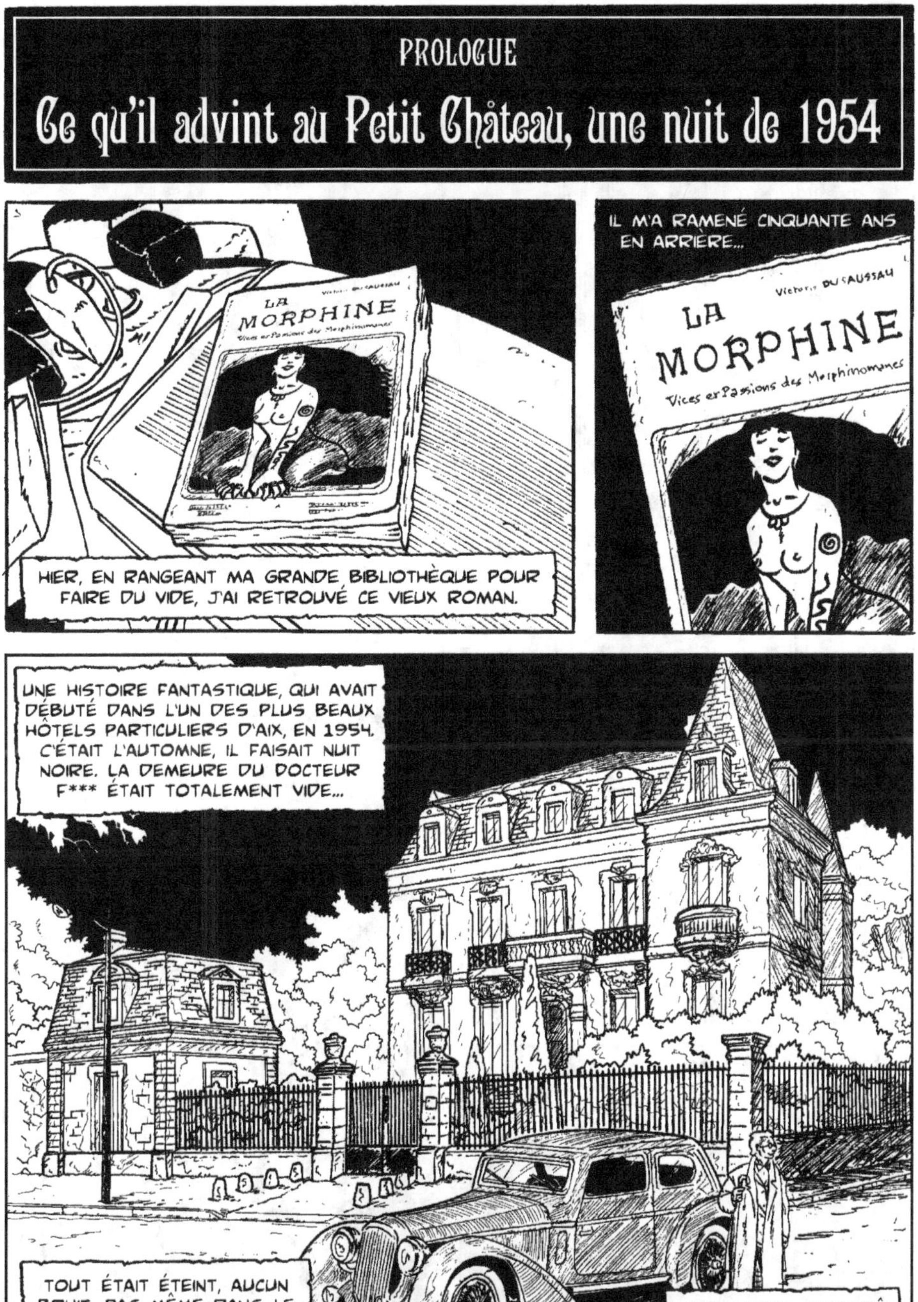

Ce qu'il advint au Petit Château, une nuit de 1954

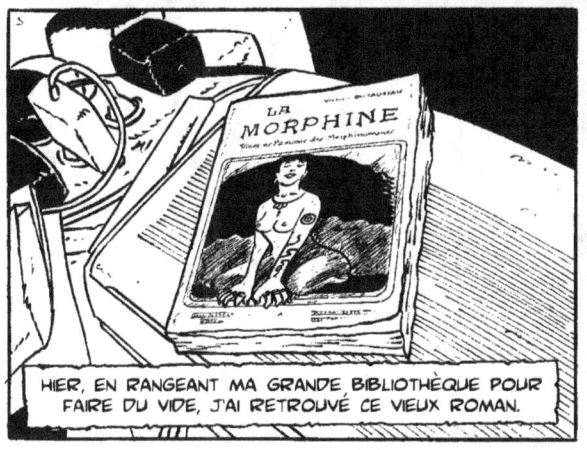

HIER, EN RANGEANT MA GRANDE BIBLIOTHÈQUE POUR FAIRE DU VIDE, J'AI RETROUVÉ CE VIEUX ROMAN.

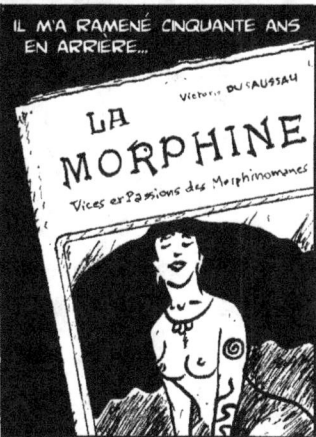

IL M'A RAMENÉ CINQUANTE ANS EN ARRIÈRE...

UNE HISTOIRE FANTASTIQUE, QUI AVAIT DÉBUTÉ DANS L'UN DES PLUS BEAUX HÔTELS PARTICULIERS D'AIX, EN 1954. C'ÉTAIT L'AUTOMNE, IL FAISAIT NUIT NOIRE. LA DEMEURE DU DOCTEUR F*** ÉTAIT TOTALEMENT VIDE...

TOUT ÉTAIT ÉTEINT, AUCUN BRUIT, PAS MÊME DANS LE PAVILLON DU GARDIEN...

LE DOCTEUR AVAIT DÛ TROUVER ÇA ANORMAL.

Première planche de l'album *La Maison du crime* ou *Le Visage Inconnu.*

On reconnaît le "Petit château", célèbre demeure de Plassans. Encrage sur Montval, collage et lettrage numérique. 2012.

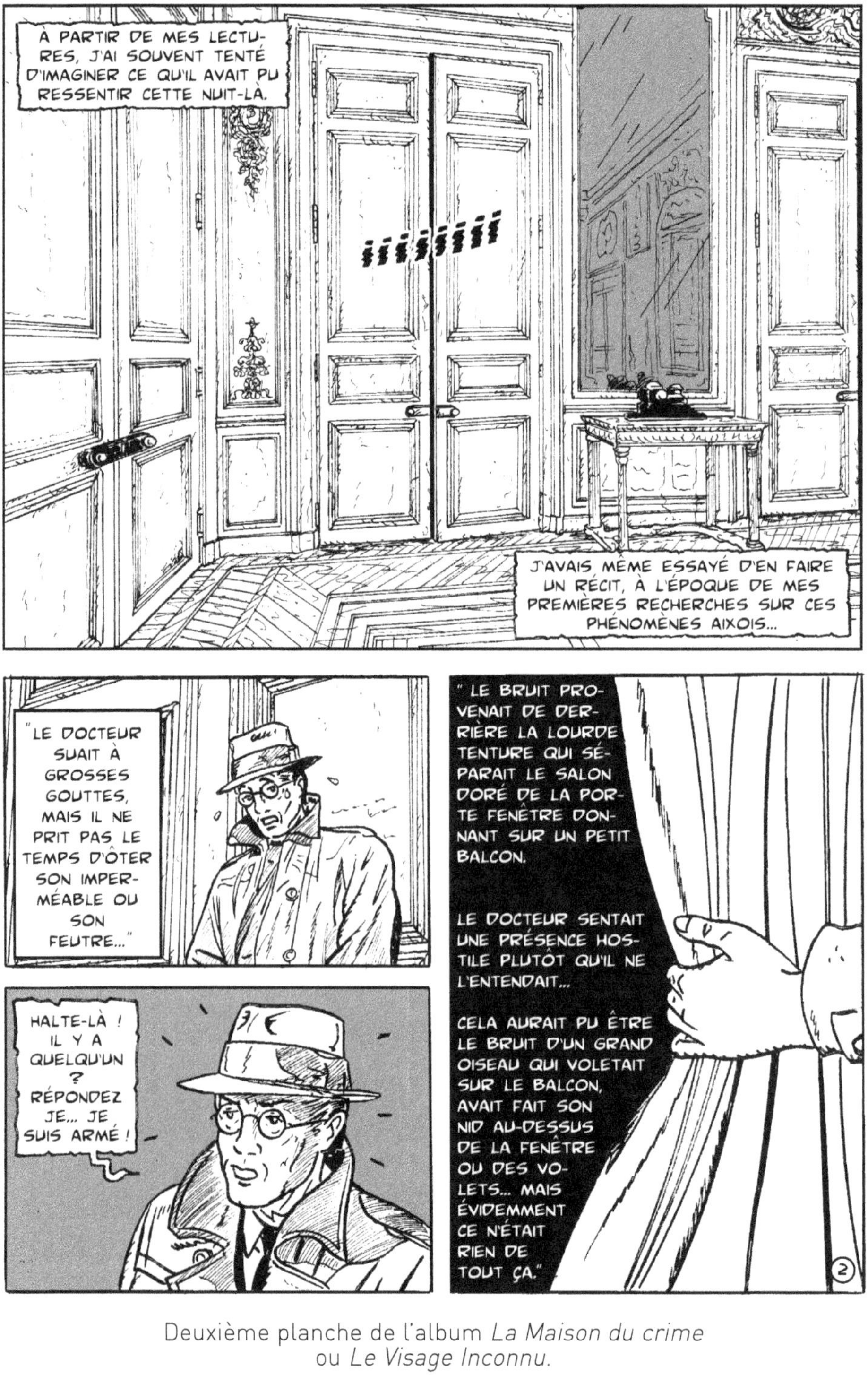

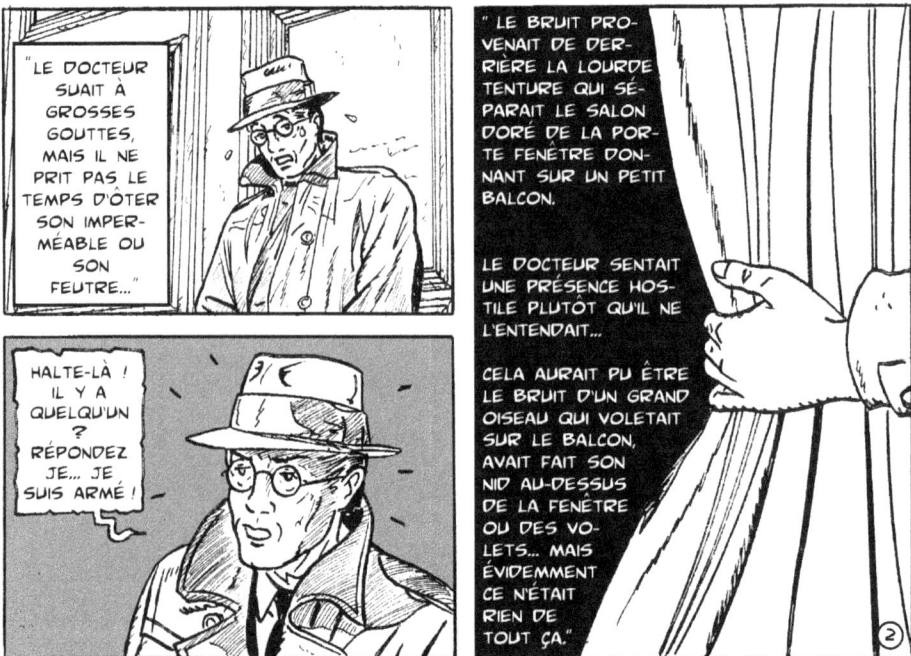

À PARTIR DE MES LECTU-RES, J'AI SOUVENT TENTÉ D'IMAGINER CE QU'IL AVAIT PU RESSENTIR CETTE NUIT-LÀ.

J'AVAIS MÊME ESSAYÉ D'EN FAIRE UN RÉCIT, À L'ÉPOQUE DE MES PREMIÈRES RECHERCHES SUR CES PHÉNOMÈNES AIXOIS...

"LE DOCTEUR SUAIT À GROSSES GOUTTES, MAIS IL NE PRIT PAS LE TEMPS D'ÔTER SON IMPER-MÉABLE OU SON FEUTRE..."

HALTE-LÀ ! IL Y A QUELQU'UN ? RÉPONDEZ JE... JE SUIS ARMÉ !

" LE BRUIT PRO-VENAIT DE DER-RIÈRE LA LOURDE TENTURE QUI SÉ-PARAIT LE SALON DORÉ DE LA POR-TE FENÊTRE DON-NANT SUR UN PETIT BALCON.

LE DOCTEUR SENTAIT UNE PRÉSENCE HOS-TILE PLUTÔT QU'IL NE L'ENTENDAIT...

CELA AURAIT PU ÊTRE LE BRUIT D'UN GRAND OISEAU QUI VOLETAIT SUR LE BALCON, AVAIT FAIT SON NID AU-DESSUS DE LA FENÊTRE OU DES VO-LETS... MAIS ÉVIDEMMENT CE N'ÉTAIT RIEN DE TOUT ÇA."

Deuxième planche de l'album *La Maison du crime*
ou *Le Visage Inconnu.*

Intérieur du "Petit château", célèbre demeure de Plassans.
Encrage sur Montval, collage et lettrage numérique. 2012.

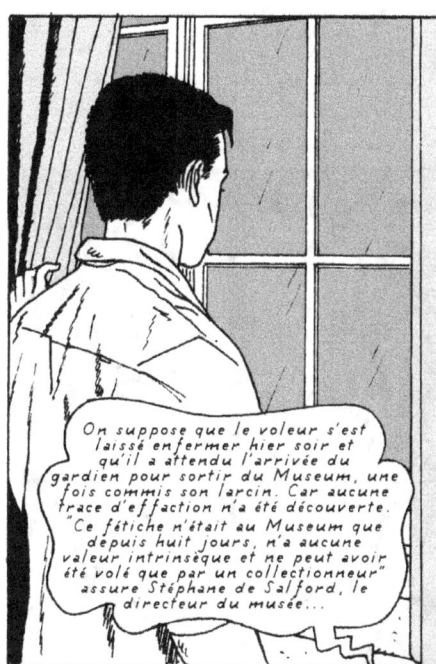

C'était le nom qui avait mis la puce à l'oreille de Philippe de Hautfort. Ce politicien était mêlé à l'affaire de Rennes-le-Château, qui avait été étouffée par le Gouvernement Provisoire. Salford, connu pour être un mécène, avait déjà défrayé la chronique pour plusieurs affaires qui remontaient à la guerre. Il était donc devenu le directeur d'un petit musée de Province ?

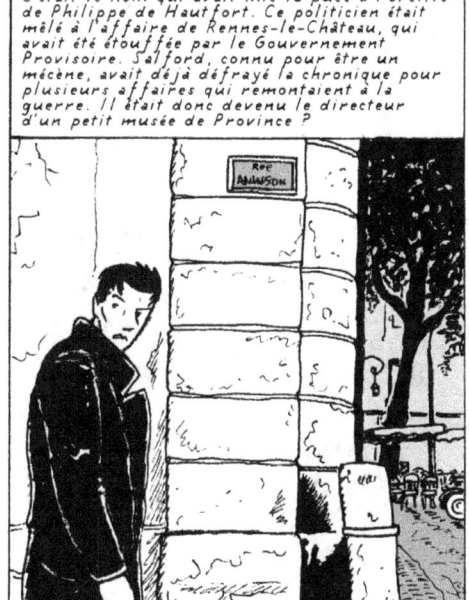

On suppose que le voleur s'est laissé enfermer hier soir et qu'il a attendu l'arrivée du gardien pour sortir du Museum, une fois commis son larcin. Car aucune trace d'effraction n'a été découverte. "Ce fétiche n'était au Museum que depuis huit jours, n'a aucune valeur intrinsèque et ne peut avoir été volé que par un collectionneur" assure Stéphane de Salford, le directeur du musée...

A ce moment de l'histoire, De Hautfort n'en avait qu'un vague pressentiment... Depuis la cour petit musée de Province, on n'entendait qu'un peu d'agitation. Une affaire comme celle-ci ne devait pas perturber beaucoup la police de cette ville tranquille.

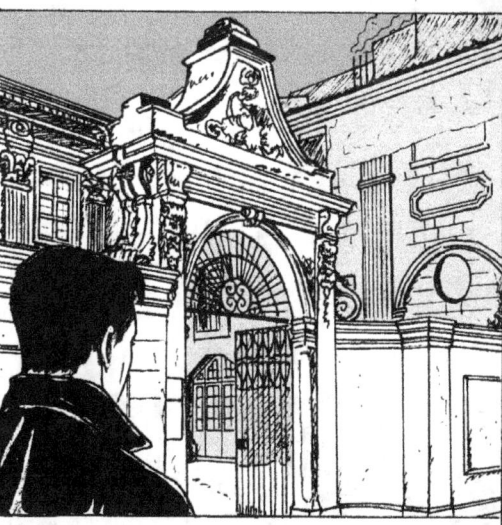

Le Museum n'était pas loin du petit appartement de Hautfort. Il était tôt, les rues quasiment désertes n'étaient pleines que du petit peuple du matin, qui se levait de bonne heure pour les tâches du jour. Les gens du lieu avaient l'air de dormir sur leurs deux oreilles. Ils ne savaient pas encore ce qui se tramait dans leur ville d'apparence si paisible.

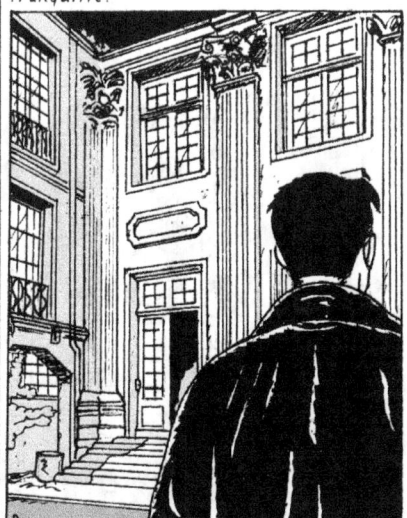

Planche de l'album *La Maison du crime*
ou *Le Visage Inconnu*.
"L'histoire dans l'histoire - par Maxime Roland."

Extérieurs du "Museum d'Histoire naturelle", célèbre demeure de Plassans.
Encrage sur Montval, collage et lettrage numérique. 2011.

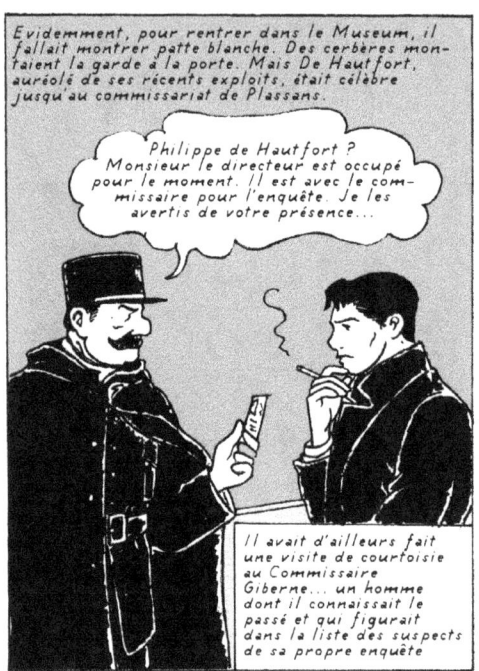

Evidemment, pour rentrer dans le Museum, il fallait montrer patte blanche. Des cerbères montaient la garde à la porte. Mais De Hautfort, auréolé de ses récents exploits, était célèbre jusqu'au commissariat de Plassans.

Philippe de Hautfort ? Monsieur le directeur est occupé pour le moment. Il est avec le commissaire pour l'enquête. Je les avertis de votre présence...

Il avait d'ailleurs fait une visite de courtoisie au Commissaire Giberne... un homme dont il connaissait le passé et qui figurait dans la liste des suspects de sa propre enquête

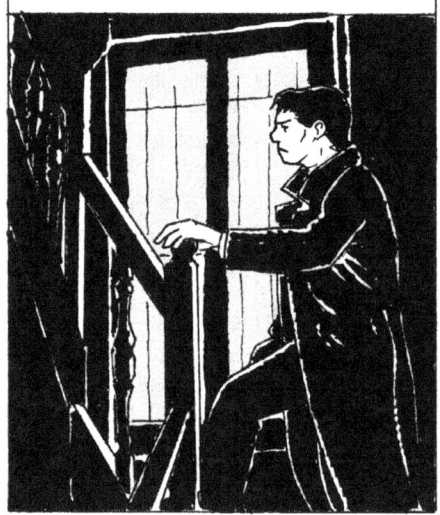

Philippe de Hautfort attendit une bonne demi-heure que l'entrevue entre le directeur et le commissaire se termine. Il prit soin de ne pas se faire remarquer de Giberne, puis il fut autorisé à voir Monsieur de Salford. Il avait eu le temps de réfléchir et de retrouver l'affaire qui ressemblait tant à celle de cette statuette volée...

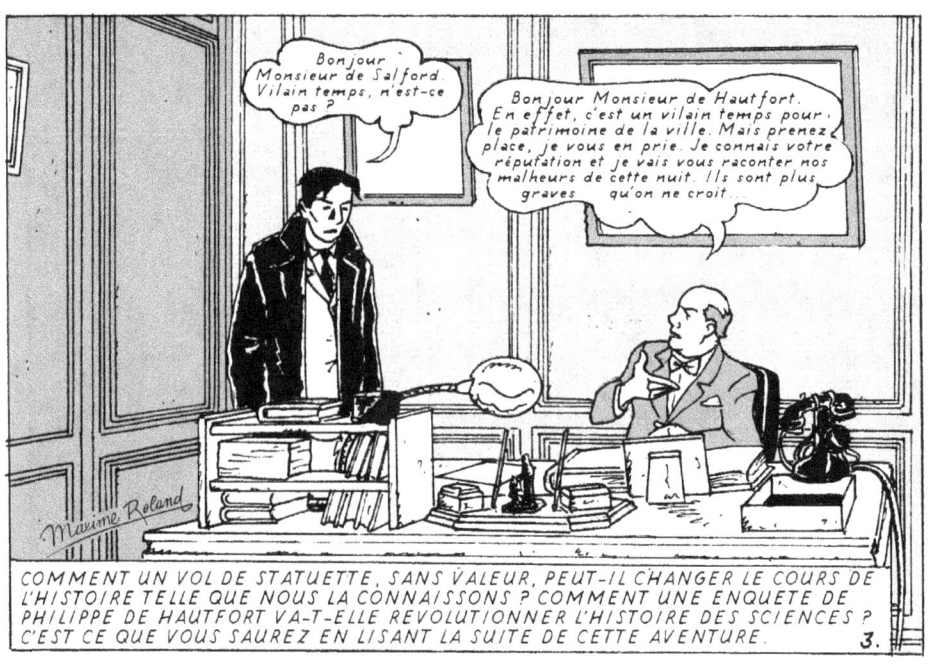

Bonjour Monsieur de Salford. Vilain temps, n'est-ce pas ?

Bonjour Monsieur de Hautfort. En effet, c'est un vilain temps pour le patrimoine de la ville. Mais prenez place, je vous en prie. Je connais votre réputation et je vais vous raconter nos malheurs de cette nuit. Ils sont plus graves qu'on ne croit...

Maxime Roland

COMMENT UN VOL DE STATUETTE, SANS VALEUR, PEUT-IL CHANGER LE COURS DE L'HISTOIRE TELLE QUE NOUS LA CONNAISSONS ? COMMENT UNE ENQUÊTE DE PHILIPPE DE HAUTFORT VA-T-ELLE REVOLUTIONNER L'HISTOIRE DES SCIENCES ? C'EST CE QUE VOUS SAUREZ EN LISANT LA SUITE DE CETTE AVENTURE. 3.

Planche de l'album *La Maison du crime*
ou *Le Visage Inconnu.*
"L'histoire dans l'histoire - par Maxime Roland."

Intérieur du "Museum d'Histoire naturelle", célèbre demeure de Plassans.
Encrage sur Montval, collage et lettrage numérique. 2011.

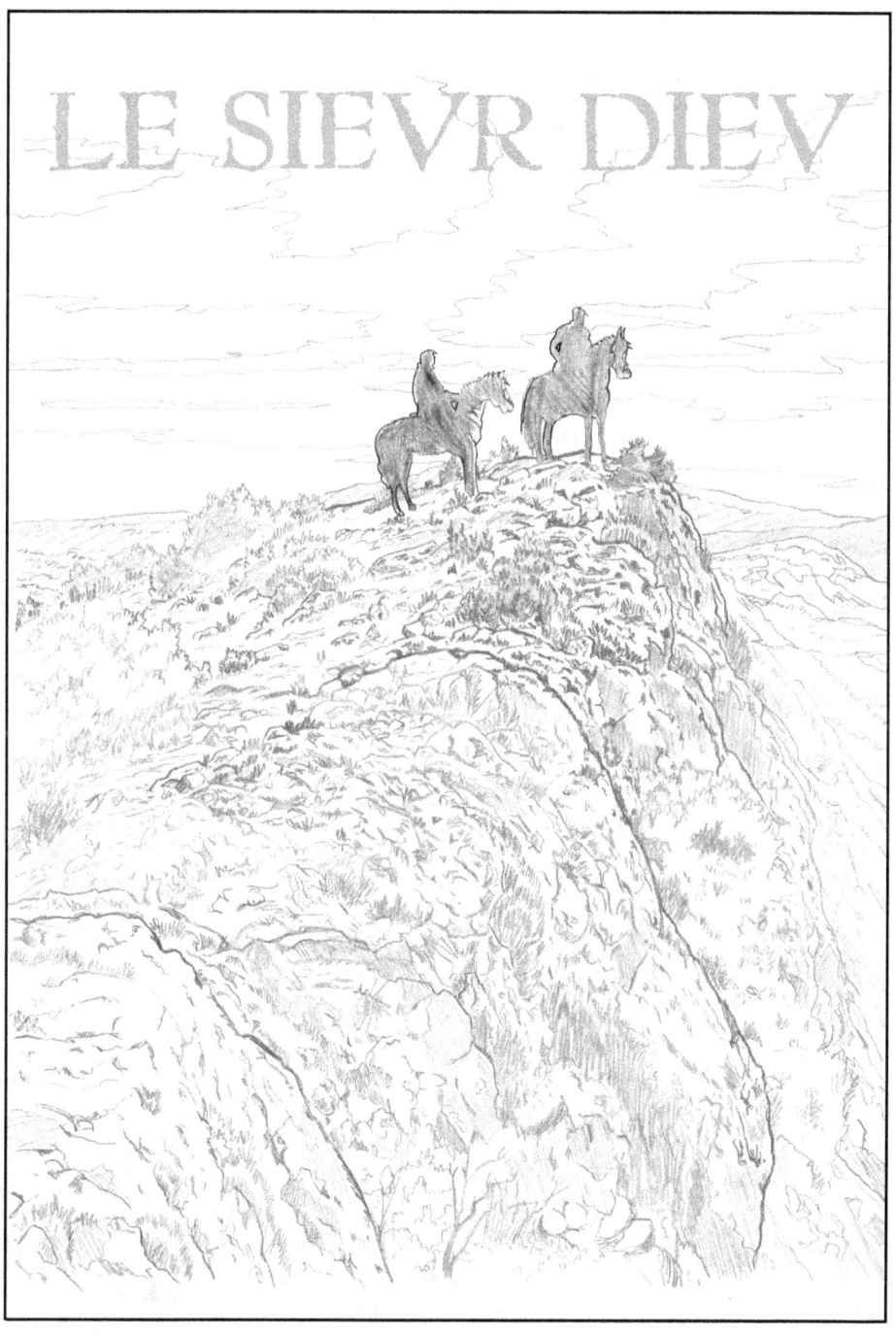

Crayonné pour la première planche d'un projet d'adaptation
du roman *Le Sieur Dieu*, de Franz-Olivier Giesbert (Ed. Grasset).

Crayonné sur bristol, 2010

Collection particulière.

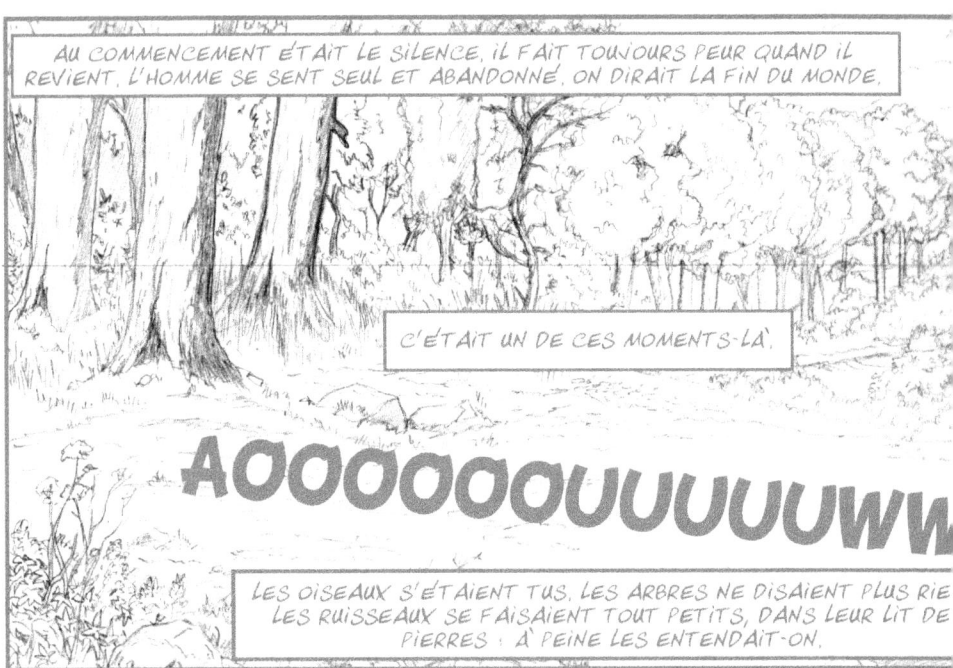

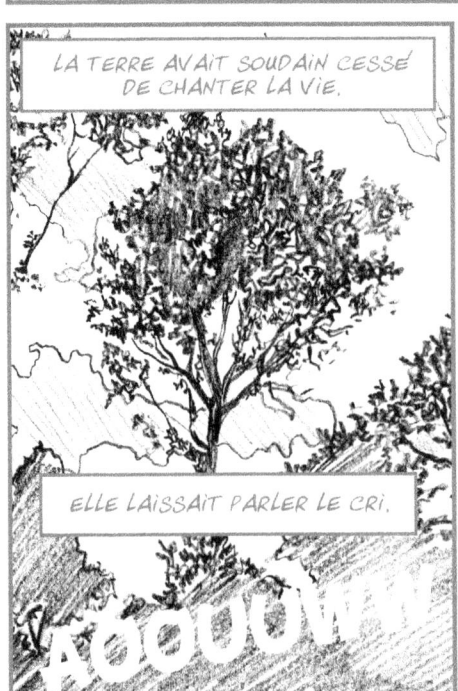

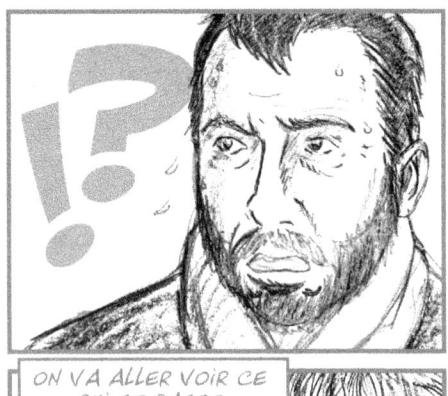

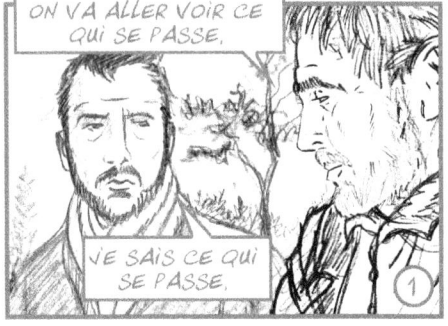

Crayonné pour la deuxième planche d'un projet d'adaptation
du roman *Le Sieur Dieu*, de Franz-Olivier Giesbert (Ed. Grasset).

Crayonné sur bristol, 2010

Collection particulière.

www.ingramcontent.com/pod-product-compliance
Lightning Source LLC
Chambersburg PA
CBHW071333210526
45161CB00006B/22